O *Tao* da Eficácia Organizacional

18,5 Lições de Gestão Inspiradas no Velho Mestre

ARMÊNIO REGO
MIGUEL PINA E CUNHA

O *Tao* da Eficácia Organizacional

18,5 Lições de Gestão Inspiradas no Velho Mestre

DIRETOR EDITORIAL:
Marcelo C. Araújo

EDITORES:
Avelino Grassi
Edvaldo Manoel de Araújo
Márcio F. dos Anjos

COORDENAÇÃO EDITORIAL:
Ana Lúcia de Castro Leite

COPIDESQUE:
Maria Isabel de Araújo

REVISÃO:
Lessandra Muniz de Carvalho

DIAGRAMAÇÃO:
Simone Godoy

CAPA:
Erasmo Ballot

Coleção Management, 8

Título original: O Tao da Eficácia Organizacional – 18,5 lições de gestão inspiradas no Velho Mestre
© Edições Sílabo, Ltda.

Todos os direitos em língua portuguesa, para o Brasil, reservados à Editora Idéias & Letras, 2010.

Editora Idéias & Letras
Rua Pe. Claro Monteiro, 342 – Centro
12570-000 Aparecida-SP
Tel. (12) 3104-2000 – Fax (12) 3104-2036
Televendas: 0800 16 00 04
vendas@ideiaseletras.com.br
www.ideiaseletras.com.br

Dados Internacionais de Catalogação na Publicação (CIP)
(Câmara Brasileira do Livro, SP, Brasil)

Rego, Armênio
O Tao da eficácia: 18,5 lições de gestão inspiradas no velho mestre / Arménio Rego, Miguel Pina e Cunha. – Aparecida, SP: Idéias & Letras, 2010. (Coleção Management, 8)

Bibliografia.
ISBN 978-85-7698-070-4

1. Eficácia organizacional 2. Filosofia oriental 3. Organização – Filosofia 4. Tao I. Cunha, Miguel Pina e. II. Título.

10-08335   CDD-658.402

Índices para catálogo sistemático:
1. Organização eficiente do trabalho:
Aplicação da filosofia oriental 658.402

Sumário

Alguns lemas de inspiração taoísta 7

Duas notas taoístas prévias 11
    1. Resumir para expandir 11
    2. A complexidade da simplicidade 12

Lição 1 – O retorno é o movimento do *Tao* 17

Lição 2 – Um tema central
    – entre o centro e a periferia 21

Lição 3 – Meios e fins, contrastes e semelhanças,
    eficácia e ineficácia 33
    Doing things right in order to doing the
    right thing 33
    Objetivos nem sempre objetivos 36
    Simplicidade ilusória................................. 36
    Os meios dos fins 41
    O interesse de satisfazer interesses distintos ... 45
    A eficácia está nos olhos do observador
    – não na organização alvo............................ 46
    A eficácia é não ser ineficaz....................... 51

Lição 4 – As semelhancas entre as diferenças 53

Lição 5 – O paradoxo é paradoxal 57

Lição 6 – A aprendizagem gera esgotamento............... 65
    Critérios de medida que
    vão sendo abandonados............................ 65

Exemplos de efeitos pervesos
da avaliação da eficácia 69
Critérios de medida que
vão sendo perfilhados 75

Lição 7 – A aproximação da distância 79

Lição 8 – Eficiências ineficazes 83

Lição 9 – Eficácias de eficácia duvidosa? 91

Lição 10 – Da cibernética para a holística 95

Lição 11 – O consenso sobre a falta de consenso 101

Lição 12 – O *Tao* da eficácia.....................................115
  O taoísmo...115
  A polaridade do *Yin* e do *Yang*...............119
  Implicações para as organizações 121

Lição 13 – Os paradoxos na voz do mestre.................125

Lição 14 – *Tao* e gestão...129

Lição 15 – Polaridade: eficácia → ineficácia 133

Lição 16 – Polaridade: ineficácia → eficácia 139

Lição 17 – Lições do *Tao* 145
  A boa organização não existe?...................145
  Lições para a empresa 145
  Lições pessoais 146

Lição 18 – Conclusão 147

Lição 18,5 – Última (meia) conclusão 149

Referências Bibliográficas 151

Alguns lemas
de inspiração taoísta

O sucesso pode ser inimigo do sucesso

O sucesso pode deslumbrar e induzir à repetição das fórmulas do passado que não se ajustam ao futuro.

O insucesso pode ser amigo do sucesso

Alguns insucessos e crises induzem à mudança, ao empenho e à descoberta de novas vias em direção ao sucesso.

A solução de hoje pode ser o problema de amanhã

Uma solução bem-sucedida hoje pode ofuscar a organização e impedir a adoção de soluções diferentes amanhã.

Os paradoxos podem ser eficazes

A tensão gerada entre os opositores simultâneos (por exemplo, centralização e descentralização) pode contribuir para a eficácia. Mais estrutura pode ser combinada com mais liberdade, desde que a estrutura seja a "certa" (objetivos, prazos e responsabilidades).

A ineficiência pode gerar ineficácia

Empresas muito focadas em critérios de custos e produtividade podem negligenciar as suas relações com o meio externo e perder eficácia, pelo menos a longo prazo.

A eficácia perfeita pode ser ineficaz

O idealismo ou o excesso de preocupação com determinados indicadores de eficácia pode afastar a organização da realidade circundante e desfocalizá-la de outros critérios mais relevantes.

Alcançar os objetivos pode ser ineficaz.
Não cumprir os objetivos pode gerar eficácia

Os objetivos que a empresa pretende alcançar podem não ser os mais apropriados para seu sucesso. O desvio desses objetivos pode, porém, ser vantajoso. É necessário estar atento e ajuizar a pertinência dos objetivos a cada momento adotados.

Organizações eficazes podem ser ineficazes

Muitas organizações são eficazes à luz dos critérios de eficácia valorizados pelos analistas e pela imprensa econômica. Mas quando esses critérios são apenas de curto prazo, a eficácia da empresa a longo prazo pode ficar hipotecada.

Os líderes inteligentes podem tomar
decisões pouco inteligentes

Os líderes muito inteligentes podem ter dificuldade em tomar decisões apropriadas quando estão sob o efeito de grande stresse, pois este pode afetar o processamento cognitivo da informação. Nesses casos, mais importante do que a inteligência podem ser a experiência e a sagacidade.

A melhor maneira de lidar com a complexidade
pode ser a simplicidade

A simplicidade ajuda a domar a complexidade. Estruturas simples podem aumentar a flexibilidade dos membros da organização para lidar com assuntos complexos.

A obediência pode gerar desobediências

A obediência pura e simples aos gestores pode gerar perda de espírito crítico. Sem espírito crítico, as decisões de gestão podem ser mais pobres. Perante decisões pobres recorrentes, as resistências e a desobediência (mesmo que passiva) podem emergir.

A desobediência pode fomentar a obediência

A desobediência honesta, leal e representando espírito crítico pode induzir os decisores a tomar melhores decisões – que, por sua vez, induzem a maior obediência de seus colaboradores.

A lealdade pode ser desleal. A deslealdade pode ser leal

Os colaboradores que, por razões de lealdade ao seu superior, não manifestam discordâncias, podem induzir o superior a tomar más decisões. Por isso, os colaboradores que manifestam discordâncias genuínas e honestas podem ser mais leais.

O brilho pode gerar escuridão

Se não for alcançado o equilíbrio trabalho-família, o brilho da vida profissional pode escurecer a vida pessoal e familiar. Daqui pode resultar o escurecimento da vida profissional. Ou seja, é necessário gerir o equilíbrio e as tensões.

A humildade é forte

A humildade ajuda a aprender com os erros e a melhorar as decisões.

Não se autoengrandeça, para não se diminuir

O autoengrandecimento pode induzir à perda de espírito crítico e à soberba – inimigos da reflexão e da aprendizagem com o erro. Pode, por conseguinte, diminuir o desempenho e a dimensão moral e profissional da pessoa.

O mau pode estar no bom

As boas teorias e os bons modelos podem não se ajustar às realidades da organização e gerar efeitos perversos.

Os primeiros poderão ser os últimos

Os inovadores pioneiros num dado negócio podem perder a corrida para as empresas que chegam depois e aprendem com os erros das primeiras.

Espere o inesperado

É necessário estar sempre alerta para o inesperado. Importa questionar os paradigmas vigentes nas nossas mentes sobre a vida empresarial e econômica – sob pena de não compreendermos a grande mudança que a cada momento pode estar a emergir.

Duas notas taoístas prévias

1. Resumir para expandir

Neste livro, apresentamos uma perspectiva geral sobre o que é a eficácia – mais propriamente, sobre o que se julga que é – mas que pode não ser...!

Desafiamos a ideia comum de que a eficácia é um conceito de compreensão óbvia, que não suscita dúvidas – e que só não é alcançada pelas organizações e pelos gestores ineficazes.

Argumentamos que a eficácia pode ser uma característica de quem observa – mais do que o estado da organização observada.

Sugerimos que "ninguém se entende" sobre a matéria – e que a perspectiva mais apropriada é, mesmo, a de considerar que "todos têm razão" à sua maneira e de acordo com os seus interesses.

Argumentamos que a eficácia e a ineficácia não são necessariamente opostos incompatíveis – mas faces que podem coabitar e, porventura, alimentar-se mutuamente.

Resumindo:

Procuramos facultar uma leitura abrangente e simples de um tema complexo.

Procuramos ser provocatórios – para não o sermos.

Procuramos resumir – para expandirmos a compreensão.

Procuramos clarificar – para deixarmos o leitor mais consciente da falta de clareza do terreno.

Procuramos mostrar que a eficácia é o que **é** – e o que **não é**.

Parafraseando a obra de Lao-Tse, aconselhamos o leitor a tirar vantagem do que aqui está, fazendo uso do que aqui não está.

2. A complexidade da simplicidade

A perfeição suprema parece imperfeita
Lao-Tse (2000, p. 58)

Chen Xavier é o presidente de uma empresa portuguesa de grande gabarito. Começou a vida profissional como vendedor, depois de seu pai (português) ter regressado a Portugal e o ter motivado a procurar um emprego que ajudasse a família a lidar com o falecimento da mãe. Nessa altura, Chen ainda não pronunciava corretamente a língua portuguesa, e os clientes sorriam quando ele trocava os *r* pelos *l*. Ainda se recorda do tempo em que perguntava às recepcionistas das empresas que visitava "onde posso deixale o meu calo"!

Embora sempre se tenha apercebido de que os critérios de avaliação de seu próprio desempenho como vendedor variavam ao longo do tempo, nunca deixou de acreditar que a organização mais eficaz é aquela que alcança os seus objetivos. Esse foi o lema que sempre o orientou à medida que foi progredindo na carreira. Sendo atualmente Presidente da empresa, e tendo a seu cargo 1.239 pessoas, manteve intacta a sua convicção até sete anos atrás. Nessa época, foi convidado pela Associação Empresarial da sua região para ministrar uma palestra sobre "eficácia organizacional". Não hesitou em intitulá-la do seguinte modo:

A eficácia é simplesmente o alcance dos objetivos da organização.

Do seu ponto de vista, esta era a afirmação mais simples, mas certeira, que se poderia utilizar para explicar algo bem simples. Todavia, decorridos três anos, compreendeu que a verdade é mais complexa, e que a afirmação contempla uma complexidade que presunções simples não permitem compreender. O fator que mais contribuiu para a sua mudança de pensamento foi a constatação de que a sua empresa, embora normalmente alcançasse os objetivos que ele próprio definia em consonância com os acionistas, experimentava no momento algumas dificuldades de sobrevivência. Mais especificamente, o futuro começara a tornar-se menos risonho do que antes se lhe afigurava.

Lembrou-se, então, do pensamento de Lao-Tse, do qual tomara conhecimento quando ainda era um adolescente estudante na cidade de Pequim. Dirigiu-se a uma livraria da cidade de Lisboa e adquiriu o livro *O Tao do Poder*. Nessa mesma noite, quase não dormiu: aquele pequeno livro aparentemente simples, que se pode ler em menos de duas horas, estava repleto de paradoxos e de frases aparentemente contraditórias. Sublinhou diversas afirmações – mas as que mais o despertaram foram as seguintes:

Manter a abundância
Não é tão bom como parar a tempo.

A astúcia que penetra
Não pode proteger por muito tempo.

Uma casa cheia de ricos
Não pode ser defendida.

Orgulho no luxo e posição
É não notar o colapso.

Retirar-se quando o sucesso é alcançado
É o Tao da Natureza.

Pensou mais ponderadamente na sua empresa, verificou que a simplicidade é complexa, tomou nota de que a eficácia e a ineficácia estão próximas, e compreendeu as razões pelas quais diferentes pessoas e entidades têm diferentes concepções sobre a eficácia organizacional. Lembrou-se simplesmente das divergências sobre a matéria entre os proprietários da empresa, alguns gestores, os trabalhadores, os analistas financeiros e os especialistas dos bancos onde requereu financiamento para diversos investimentos.

Chen decidiu então candidatar-se a um Mestrado em Gestão. Sua dissertação debruçou-se precisamente sobre a eficácia. Após tê-la terminado, seu orientador desafiou-o para escreverem um livro em parceria. Embora se considerasse pouco inclinado para os trabalhos acadêmicos, aceitou o desafio com entusiasmo. Empenhado na empreitada, transcreveu onze afirmações dos seus professores de diversas disciplinas, que havia registrado nos seus apontamentos das aulas. Acrescentou-lhes 7 afirmações de empresários e gestores que haviam sido convidados para ministrar seminários durante o ano em que decorreu o Mestrado. Notou que muitas afirmações, tanto as dos acadêmicos como as dos práticos, eram contraditórias e paradoxais. Quando chegou o momento de escolher o título da obra, a sua proposta foi:

A eficácia que eu conheço não existe.

Este livro é uma homenagem a Chen Xavier e está fortemente inspirado nas afirmações que o gestor identificou nas 18 lições dos seus professores e dos palestrantes gestores. Para não aumentar excessivamente a exposição do tema, acrescentamos apenas meia lição. Este livro contempla, pois, 18,5 lições sobre eficácia organizacional.

As 18,5 Lições

Lição 1

O Retorno é o Movimento do Tao[1]

A eficácia é um tema central na gestão de empresas e, por conseguinte, nas teorias da organização e da gestão:

— Os investigadores, em tudo o que pesquisam, têm como quadro inspirador a ideia básica: "o que mais contribui para a eficácia organizacional?"

— Os gestores gerem para serem eficazes – pelo menos assim necessitam de se pronunciar para legitimarem as suas ações e manterem seu lugar.

— Os governos, pressionados e cientes da necessidade de atuar com recursos escassos, procuram legitimar a sua ação buscando ser mais eficazes.

Walton e Dawson[2] sublinharam essa centralidade aduzindo que "a eficácia organizacional continua a ser um tema recorrente tanto para os acadêmicos como para os gestores. Situa-se no cerne de todas as teorias organizacionais, proporciona a última variável dependente na pesquisa empírica e facilita as ações dos gestores e as respectivas justificações".

Essa perspectiva meio "romântica" não reflete, todavia, uma "história longa e tortuosa"[3] e repleta de controvérsia. Também não se liga ao estado atual do campo, que se carac-

---

[1] Lao-Tse (2000, p.53).
[2] Walton e Dawson (2001, p. 177).
[3] Herman e Renz (1999, p. 108).

teriza pela diversidade de modelos e pela profusão de critérios de medida e de indicadores de avaliação.[4] O conceito é complexo e pode ter significados diferentes para diferentes organizações, para a mesma organização em momentos diferentes ou para diferentes partes interessadas.[5] Acresce que, mesmo quando convergem a propósito do significado do conceito, os investigadores e os gestores não adotam idênticas concepções acerca dos melhores critérios para medi-la.[6]

Neste trabalho, redigimos uma alternativa ou complemento explicativo que permita compreender e melhor lidar com essa controvérsia. Mais especificamente, analisamos o conceito de eficácia organizacional numa perspectiva dialética. O objetivo do livro é o de apresentar os paradoxos e as contradições inerentes à eficácia enquanto ideia e prática.

Para refletir criticamente sobre o tema, o analisamos de acordo com as lentes teóricas proporcionadas pelo *taoísmo*, um sistema de pensamento e uma das quatro maiores religiões da China. A ideia para a explicação dialética da eficácia decorre da afirmação atribuída a Lao-Tse[7] e citada na abertura: "O retorno é o movimento do *Tao*".

A afirmação expõe com clareza duas ideias cruciais para o entendimento da eficácia: movimento (processo, dinamismo) e retorno/inversão. Este último termo pareceu-nos particularmente interessante por ecoar um ponto porventura merecedor de maior atenção na literatura do comportamento organizacional: os processos ou resultados organizacionais podem inverter-se e dar lugar ao seu oposto. Esta ideia pareceu-nos apropriada para o estudo do tema, dada a frequência com que organizações modelares se transformam em exemplos a evitar.

---

[4] Walton e Dawson (2001); Henri (2004).
[5] Veja, por exemplo, Kirby (2005).
[6] Walton e Dawson (2001); Henri (2004).
[7] Lao-Tse (2000, p. 53).

Sendo esses os objetivos traçados, começamos por apresentar algumas das principais conclusões que a literatura tem apontado. Procedemos, também, à apresentação de algumas conclusões consensuais sobre a eficácia organizacional. Posteriormente, discutimos o problema da eficácia de acordo com a perspectiva dialética proporcionada pela filosofia *taoísta*. Esta é apenas uma das múltiplas maneiras de analisar a eficácia. Não se pretende apresentá-la como a melhor abordagem, mas apenas como uma das formas de representar o fenômeno, entre outras possíveis.[8] Com o texto, contribuimos para enriquecer a literatura com a explicitação de uma das nuances da abordagem dialética das organizações, procurando imprimir ao texto um semblante capaz de articular teoria e prática.

---

[8] Van de Ven e Poole (1995).

Lição 2

Um Tema Central
– Entre o Centro e a Periferia

Não podemos esperar encontrar explicações gerais que nos permitam distinguir as organizações eficazes das ineficazes.
Scott (1992, p. 360)

A definição, delimitação e identificação de critérios de eficácia organizacional continuam problemáticas, e nenhuma teoria definitiva tem sido lançada.
Henri (2004, p. 97)

CETICISMO. Durante os anos 1950 e os primórdios dos anos 1960, o tópico da eficácia foi, geralmente, negligenciado pelos investigadores. Entre os argumentos justificativos dessa posição, havia um que defendia que as considerações de eficácia representavam, apenas, interesses de natureza aplicada e prática, mais do que teórica.[1]

Esse ceticismo – que pode chocar alguns executivos e leitores deste livro – foi, porém, sucedido de uma perspectiva mais otimista. Gradualmente, os investigadores começaram a aceitar a existência de fundamentos teóricos para um tal campo de análise. Por exemplo, ao admitir-se que certas estruturas organizacionais são mais adequadas do que outras para determinadas tarefas ou ambientes,[2] a pergunta inevitável não podia deixar de ser: adequadas em que sentido?

---

[1] Scott (1992).
[2] Lawrence e Lorsch (1967); Thompson (1967).

Acresce que, para além da pertinência teórica, a eficácia foi adquirindo elevado interesse prático: a competição à escala global, com as consequentes exigências de produtividade e competitividade, transformou-a num critério de sobrevivência organizacional.[3]

A SUSPEIÇÃO TOMA O LUGAR DO ENTUSIASMO. Daqui resultou um especial florescimento de estudos durante a segunda parte da década de 1960 e a primeira metade de 1970. Admitia-se, então, a possibilidade de construir medidas gerais de desempenho, e de distinguir facilmente as empresas de baixa e de elevada eficácia.[4] Todavia, a partir de meados da década de 1970, os estudos quase desapareceram[5]. Talvez a causa principal tenha provindo dos resultados persistentemente demonstrativos de três aspectos:

— A eficácia é multidimensional. Ou seja: (a) a sua medição implica tomar em consideração diversos aspectos, não apenas financeiros e econômicos, mas também sociais, ambientais etc.; (b) diferentes entidades associadas a uma dada organização têm diferentes concepções sobre como a eficácia organizacional pode ser medida.

— Não é possível obter uma medida inequivocamente adequada. O que é válido numa situação, ou para uma dada empresa, pode não ser noutras empresas e/ou noutras situações.

— As medidas existentes não se correlacionam entre si, podendo mesmo revelar relações contraditórias. Ou seja: se recorrermos às medidas preconizadas por diferentes investigadores, chegamos à conclusão de que a mesma empresa pode ser eficaz... ou ineficaz, consoante as medidas que usarmos. Eis um exemplo simples: o aumento da quota de mercado pode fazer diminuir a rentabilidade das vendas.

---

[3] Scout (1992).
[4] Meyer e Gupta (1994).
[5] Meyer e Gupta (1994).

O conceito de eficácia organizacional tornou-se, então, suspeito,[6] situação que conduziu alguns autores a afirmarem que o tópico se localizava fora das fronteiras da pesquisa científica.[7] Pouco tempo depois, Miles[8] não podia ser mais claro:

Um breve olhar pela literatura organizacional revela a existência de escasso acordo acerca do que realmente significa a eficácia organizacional (...). Esta confusão é mais do que semântica. Com efeito, as divergências acerca das definições constituem um impedimento para o desenvolvimento do conhecimento das organizações complexas. As diferenças entre os critérios usados para medir a eficácia tornam impossível comparar os resultados dos vários estudos.

Na mesma altura, Connolly, Conlon e Deutsch afirmavam:

A investigação em eficácia organizacional parece sofrer de desordem conceitual. Recentes revisões de literatura chegam, invariavelmente, a conclusões negativas (...). Alguns chegam a argumentar que o conceito não é pesquisável, devendo permanecer mais no domínio conceitual do que como sistema empiricamente relevante (...). Nós não temos nenhum argumento contra tal pessimismo, embora julguemos que a esperança não está completamente perdida?

ELIMINAR O QUE É IMPRECISO? Também em 1980, Bluedorn argumentou que o sistema da eficácia deveria ser eliminado. Decorridos três anos, Campbell, após identificar 30 diferentes critérios de eficácia (veja Quadro 1), constatar definições imprecisas e encontrar sobreposição conceitual, afirmou: "(...) diferentes

---

[6] Meyer e Gupta (1994).
[7] Hannan e Freeman (1977).
[8] Miles (1980, p. 355-356).
[9] Connolly, Conlon e Deutsch (1980, p. 211).

pessoas aderem a diferentes modelos, e não há nenhum modo correto de escolher entre eles. Assim, quando uma lista é elaborada a partir de diferentes pontos de vista, a lista heterogênea quase inevitavelmente parecerá uma confusão".[10]

Quadro I.
Trinta Critérios de Eficácia Organizacional[11]

1. Eficácia global
2. Eficiência
3. Qualidade
4. Crescimento
5. *Turnover* (rotatividade)
6. Motivação
7. Controle
8. Flexibilidade/adaptação
9. Consenso de objetivos
10. Congruência de papéis e normas
11. Competências na gestão de tarefas
12. Gestão da informação e da comunicação
13. Avaliação por entidades externas
14. Participação na tomada de decisão e influência partilhada
15. Ênfase na realização (*achievement*)
16. Produtividade
17. Lucro
18. Acidentes
19. Absentismo
20. Satisfação no trabalho
21. Moral
22. Conflito/coesão
23. Planejamento e definição de objetivos
24. Internalização dos objetivos organizacionais
25. Competências de gestão interpessoal
26. Agilidade/rapidez de resposta
27. Utilização do ambiente
    (p. ex., aquisição e uso apropriado de recursos valiosos)
28. Estabilidade
29. Valor dos recursos humanos
30. Ênfase na formação e desenvolvimento

---

[10] Campbell (1977, p. 40).
[11] Campbell (1977).

Algum tempo depois, Cameron mantinha um tom idêntico: "Apesar da popularidade da eficácia organizacional, a literatura continua a revelar grande confusão a propósito da sua definição, âmbito e critérios apropriados de avaliação".[12] Em meados da década de 1990, Meyer e Gupta tinham a mesma opinião.[13] Os autores enfatizavam, designadamente, três pontos essenciais. Primeiro: existem inúmeras medidas de desempenho (p. ex., financeiras, de qualidade). Segundo: as medidas mais comuns tendem a não se correlacionar entre si. Terceiro: nenhuma medida de desempenho permanece por longo tempo, sendo que aquelas que recebem maior atenção dos gestores mudam radicalmente ao longo do tempo. A ilação retirada pelos autores foi clara: "O *puzzle* do desempenho organizacional permanece sem resolução. Sabemos acerca dele pouco mais do que sabíamos 20 anos atrás".

Decorrido algum tempo, Banner e Gagné revelavam que o tema permanecia no mesmo campo de ambiguidade e confusão:

Não há nenhum tópico nas ciências sociais aplicadas acerca do qual haja tão reduzido acordo como o verificado a propósito da eficácia organizacional. Todos concordamos em que devemos erigir organizações "eficazes", mas ninguém concorda acerca do que é a eficácia.

E acrescentavam:
Este baixo nível de acordo não existe, apenas, no que concerne à definição – também ocorre a respeito dos modos de medida.[14]

Os problemas e as dificuldades que daqui advêm e assomam diante dos trabalhos dos investigadores são claros: "Dado que muitas medidas de eficácia propostas não se

---

[12] Cameron (1986, p. 539).
[13] Meyer e Gupta (1994).
[14] Banner e Gagné (1995, p. 102).

correlacionam entre si, ou se relacionam mesmo negativamente, não podemos esperar encontrar explicações gerais que nos permitam distinguir as organizações eficazes das ineficazes".[15] Uma das evidências mais paradigmáticas das dificuldades de clarificação que temos exposto pode ser encontrada na famigerada obra de Peters e Waterman,[16] e nos acontecimentos que se lhe seguiram: algumas das empresas consideradas excelentes revelaram, pouco tempo depois, que tinham "perdido o brilho".

A DÚVIDA DOS ACADÊMICOS E A REVOLUÇÃO DOS PRÁTICOS. Este breve relato "histórico" não perdeu validade nos anos mais recentes. Diversos autores argumentam, por exemplo, que:[17]

— Estamos na presença de uma abstração hipotética e de uma construção social, mas não de uma realidade objetiva.

— Os acadêmicos e os práticos divergem sobre o conceito de eficácia e sobre os critérios para a sua medição.

— Diferentes tipos de organizações (p. ex., públicas *versus* privadas) requerem diferentes critérios de medida de eficácia.

— Diferentes tipos de *stakeholders* invocam diferentes perspectivas quando avaliam a eficácia.

---

[15] Scott (1992, p. 360).
[16] In Search of Excellence, 1982.
[17] Herman e Renz (1998, 1999); Parhizgari e Gilbert (2004); Walton e Dawson (2004).

Quadro 2. Possíveis fatores de medição da eficácia organizacional[18]

Dimensão	Variáveis
Importância da missão	Missão; serviço; trabalho
Políticas de apoio aos colaboradores	Focalização nos colaboradores; justiça; consideração; apoio
Adequação do *design* organizacional	Flexibilidade; boas regras; abertura; participação
Condições de trabalho	Ambiente de trabalho; atratividade; condições de trabalho; práticas de segurança e saúde
Remuneração e benefícios	Salários; benefícios
Práticas de supervisão positivas	Abertura às ideias; escuta; desenvolvimento da equipe; estilo participativo; *feedback*; informação; informar o colaborador sobre a "posição"
Lealdade e brio da força de trabalho	Orgulho; motivação; trabalho árduo; lealdade
Eficácia operacional	Cumprimento de prazos; eficiência; oportunidade; uso otimizado de recursos
Comportamento orientado para o cliente	Apoio ao cliente; escuta; ênfase no apoio ao cliente; cortesia; amistosidade; acessibilidade

---

[18] Parhizgari e Gilbert (2004).

O que é extraordinariamente interessante (e tanto paradoxal como compreensível) é que "não há organização que se preze" (pública ou privada; lucrativa ou não lucrativa) que tenha escapado à tendência para medir seu desempenho. Pode mesmo afirmar-se que certa euforia tomou conta das empresas, das entidades reguladoras, dos governos, dos hospitais, das escolas – todas se empenharam na medição da sua eficácia, tanto para consumo interno, como para obter legitimidade externa ou, mais "genuinamente", para assegurar a sobrevivência. Pode mesmo identificar-se uma revolução (Caixa 1).

Todavia, há razões para supor que a aplicação às organizações públicas dos modelos e indicadores de eficácia das empresas privadas pode não ser apropriada. Os dois setores são estruturalmente diferentes:[19]

— Em geral, as empresas privadas são geridas por órgãos de direção que se focalizam na obtenção dos lucros para os acionistas e, cada vez mais, na satisfação dos interesses de outros *stakeholders* (como aliás sugerem diversas abordagens da responsabilidade social das empresas[20]). Dado que o dinheiro dos consumidores exerce uma grande influência na definição das políticas da empresa, os processos e as estruturas internas são desenhados, em medida considerável, para satisfazê-los.

— Distintamente, muitas organizações do setor público são geridas por funcionários eleitos, respondendo perante os seus eleitores. Outras são geridas por funcionários nomeados por órgãos estatais eleitos, respondendo diretamente perante quem os nomeia e, indiretamente, perante os eleitores. Estes *stakeholders* perante os quais respondem podem não ser os consumidores ou utilizadores finais. Por exemplo, os

---

[19] Parhizgari & Gilbert (2004).
[20] Veja Rego et al. (2006).

serviços de imigração e prisionais existem para satisfazer interesses de entidades e pessoas que não aquelas com as quais os empregados lidam diariamente.

Daqui decorre que os critérios usados para medir a eficácia desses dois tipos de entidades devem ser diferentes. Por exemplo, no setor privado, a busca da produtividade requer eficiência – mas a obrigação do setor público de servir o bem comum pode resultar em (ou requerer) sistemas redundantes e pouco eficientes.[21] Alguns exemplos ajudam a compreender porque pode ser indesejável usar critérios "privados" em organizações do setor público:

— O uso de critérios de eficiência num hospital pode induzir os seus gestores a focalizarem mais na redução de custos (p. ex., diminuindo o tempo de estada dos doentes, recusando determinados exames de diagnóstico ou evitando o tratamento de certas doenças como a esclerose múltipla) – e menos na saúde dos usuários.

— O fato de os "clientes" de uma prisão mostrarem satisfação com o serviço prestado pelos funcionários prisionais pode não refletir grande eficácia da organização. Ao contrário, clientes satisfeitos podem representar fraca eficácia.

— A satisfação dos clientes de um tribunal (p. ex., especialmente dos que acabam por ser alvo de penas ou que não veem os seus intentos satisfeitos) poderá não ser um indicador razoável da qualidade do trabalho dos seus funcionários.

— O fato de os estudantes de uma escola denotarem grande satisfação com o trabalho docente de alguns professores pode não significar que tais docentes são eficazes – mas apenas benevolentes, simpáticos ou "facilitistas".

---

[21] Parhizgari & Gilbert (2004).

Caixa 1.
A revolução na medição do desempenho[22]

Sobretudo a partir da década de 1990, assistiu--se a uma revolução no recurso à medição do desempenho organizacional. Uma progressivamente maior quantidade de empresas adotou sistemas de medição. Muitas medidas tradicionais (sobretudo financeiras) foram substituídas e/ou complementadas com outros tipos de medidas. E uma quantidade maior de empresas e de especialistas surgiu no mercado para prestar serviços nesse domínio. Ou seja, assistiu-se a uma grande expansão da indústria de medição e avaliação da eficácia/desempenho. Algumas razões podem ajudar a explicar por que isso ocorreu:

— A mudança da natureza do trabalho – agora mais automatizado e baseado no processamento de conhecimento, e que requereu novos métodos para cálculo dos custos e das rentabilidades.

— O aumento da competição entre as empresas, que as impeliu a focalizarem-se na qualidade do serviço, na flexibilidade, na inovação, na customização e na resposta célere.

— As iniciativas de melhoria específica – como o *total quality management*, o *just-in-time*, a produção magra, o controle estatístico do processo, o *benchmarking*.

— Os prêmios nacionais e internacionais de excelência (como o prêmio Deming ou o prêmio da *European Foundation for Quality Management*) – que requerem esforços diversos de hetero e de autoavaliação e que desafiam numerosas empresas a atuarem para serem premiadas.

---
[22] Neely (1999).

— A mudança dos papéis organizacionais, adquirindo maior protagonismo os gestores de recursos humanos e os responsáveis pelas áreas da responsabilidade social e do desenvolvimento sustentável. Em grande medida, isso ocorreu porque diversos organismos reguladores, os acadêmicos, as associações profissionais e a sociedade como um todo passaram a requerer a consideração de aspectos que não apenas o desempenho financeiro. Escândalos empresariais em torno de empresas com relatórios financeiros apelativos também chamaram a atenção para a necessidade de se medirem os desempenhos das empresas por outros prismas que não apenas os financeiros. Muitas empresas já hoje publicam, para além dos (ou conjuntamente com os) relatórios e contas tradicionais, relatórios de sustentabilidade.

— O poder das tecnologias da informação – que facilitam a recolha (p. ex., dados de clientela colhidos nas superfícies comerciais), o tratamento e a disseminação de dados e de informação e que facultam oportunidades de medição e de ação antes impossíveis.

Lição 3

Meios e Fins, Contrastes e Semelhanças, Eficácia e Ineficácia

Toda a gente deseja ter uma organização eficaz, mas ninguém está de acordo sobre como isso poderia suceder. (...) Todos concordam em que deveríamos tentar tornar as organizações mais "eficazes", mas ninguém está de acordo sobre o que é a eficácia e como deve ser medida.
Banner e Gagné (1995, p. 101-102)

Doing things right in order to doing the right thing

Uma forma simples de definir eficácia é considerá-la como o grau em que uma organização realiza os seus objetivos.[1] Uma organização eficaz é aquela que faz as coisas certas (*doing the right thing*). Este conceito é normalmente distinguido do de eficiência, o rácio entre *inputs* e *outputs* (veja algumas definições relevantes no Quadro 3). Uma organização eficiente é aquela que faz as coisas bem feitas, ou seja, que realiza os seus objetivos com a menor quantidade de recursos (*doing things right*).

Esta definição de eficácia comporta, no entanto, diversas dificuldades, tendo vindo a ser complementada por outros modelos, mais refinados. Deles se ocupam as seções seguintes. Embora diversas tipologias existam para a classificação desses modelos, uma das mais apelativas considera cinco grandes tipos (veja resumo no Quadro 5):[2] modelo racional, modelo sistêmico, modelo dos constituintes estratégicos, modelo dos valores contrastantes e modelo da ineficácia.

---

[1] Etzioni (1964).
[2] Henri (2004).

Quadro 3. Alguns conceitos importantes

Eficácia	Uma definição comum de eficácia considera-a como o grau em que a organização alcança seus objetivos. Todavia, não há consenso sobre a matéria. Por exemplo, outras definições focalizam-se também nos meios que permitem alcançar tais fins.
Desempenho	Alguns autores equivalem desempenho e eficácia,[3] mas outros apontam em sentido distinto. Por exemplo, Venkatraman e Ramanujam consideram o desempenho como um subconjunto do conceito mais geral de eficácia.[4] Por seu turno, Hannan e Freeman aduzem que o desempenho representa a quantidade e a qualidade do *output*, ao passo que a eficácia é o grau em que os resultados coincidem com os objetivos.[5] Outros autores consideram que as linhas de pesquisa da eficácia e do desempenho tiveram origens e percursos distintos, mas que, devido à convergência recente, há hoje razões para a fusão.[6]
Eficiência	Corresponde ao *ratio* entre *inputs* e *outputs*. Uma organização é tanto mais eficiente quanto mais *outputs* consegue alcançar com poucos *inputs*. De modo mais específico, a eficiência reflete a comparação entre algum aspecto do desempenho e os custos incorridos para alcançá-lo.
Produtividade	É a quantidade ou volume do produto ou serviço proporcionados pela empresa. Pode ser medida aos níveis individual, grupal e/ou organizacional.

---

[3] Henri (2004).
[4] Venkatraman e Ramanujam (1986).
[5] Hannan e Freeman (1977).
[6] Glunk e Wilderom (2004); Henri (2004).

Vantagem competitiva	Este conceito está fortemente associado ao de competências distintivas. Procura explicar por que determinadas organizações são mais competitivas do que outras pelo fato de possuírem e usarem ativos/recursos singulares e/ou denotarem forte alinhamento com o mercado.
Agilidade organizacional	É a capacidade da organização de responder rápida e apropriadamente às mudanças que se lhe deparam. A organização ágil é a que avalia a envolvente, constrói sentido sobre o que está acontecendo, e rapidamente mobiliza e disponibiliza recursos e pessoas para gerir essas ocorrências.[7]
Resiliência organizacional	É a capacidade para responder apropriadamente a mudanças disruptivas. A organização resiliente é capaz de absorver os choques e as surpresas, explora criativamente alternativas de ação, mobiliza recursos e talentos dentro e fora da organização, e executa a mudança transformacional (p. ex., repensando sua identidade e seu propósito, e redesenhando-se em conformidade). Exemplos de empresas resilientes são a Amazon, a Google, a Microsoft e a eBay – que foram capazes de reagir apropriadamente na turbulenta virada do século, durante a qual várias "dot.com" entraram em colapso. Ao contrário, a Arthur Andersen, a Enron e a WorldCom não denotaram resiliência – entraram em colapso.[8] A resiliência é fundamental para responder às mudanças disruptivas, ao passo que a agilidade é crucial para responder às mudanças rápidas.

---

[7] McCann (2004).
[8] McCann (2004).

Objetivos nem sempre objetivos

O MODELO TRADICIONAL é o dos objetivos.[9] Assenta numa visão que concebe a organização como um conjunto racional de arranjos orientados para o alcance de objetivos (p. ex., lucros, crescimento, produtividade). Desse ponto de vista, a organização eficaz é aquela cujos resultados coincidem com os objetivos.

A "gestão por objetivos" é um dos reflexos mais claros dessa concepção. Nos seus termos, uma organização e seus membros são avaliados pelo grau em que alcançam os objetivos específicos definidos conjuntamente pelos vários níveis de gestão. Definem-se objetivos mensuráveis, realistas e com prazos determinados (muitas vezes de natureza financeira), começando no topo da organização, e cada nível define os seus objetivos com base nos objetivos determinados para o nível superior. O desempenho atual é então medido através da comparação dos resultados reais com os objetivos definidos.

Este modelo assenta em várias premissas que, na teoria organizacional, têm sido consideradas problemáticas.[10] Por exemplo:

— Não é pacífico que organizações têm objetivos claros.

— Os diferentes responsáveis de uma organização não fazem necessariamente a apologia dos mesmos objetivos.

— Os diferentes atores da organização não atuam necessariamente em prol dos mesmos objetivos.

— Estes objetivos nem sempre podem ser identificados/descobertos.

— Frequentemente, os objetivos abstratos (p. ex., competitividade; qualidade) não podem ser convertidos em medidas específicas e objetivas.

---

[9] Etzioni (1964); Goodman et al. (1977).
[10] Herman e Renz (1999).

— Nem sempre os dados relevantes para estas medidas podem ser reunidos, processados e aplicados de modo apropriado e no tempo determinado.

Simplicidade ilusória

Por conseguinte, aquilo que parece claro e consensual é, afinal, alvo de diferentes entendimentos e pode dar origem a ações empresariais bastante distintas. Embora tenha a particular vantagem de privilegiar a mensurabilidade, a abordagem focalizada nos objetivos denota diversas limitações que revelam como a sua simplicidade é, em grau considerável, ilusória. Eis algumas:

— Nem sempre há coincidência entre os objetivos oficiais, normalmente propalados nos documentos oficiais, e os objetivos realmente prosseguidos. Por exemplo, os objetivos educativos oficiais de uma instituição escolar podem ser "subvertidos" pelos objetivos particulares de alguns dos seus membros e/ou pelos interesses de algum financiador de que a instituição depende fortemente.

— Muitos objetivos oficiais são modificados pelas pessoas, designadamente por novos líderes que pretendem imprimir à empresa novo rumo. Por exemplo, um novo Reitor pode mudar o objetivo focalizado na pesquisa para a focalização no ensino – implementando sistemas de avaliação de desempenho consonantes. Esta modificação pode ocorrer mesmo que, oficialmente, os objetivos oficiais e fundadores da organização continuem a ser formalmente defendidos.[11]

— Os objetivos reais mudam de acordo com o poder que resulta da ação política (isto é, as manobras de poder na organização). Por exemplo, quando a organização depende for-

---

[11] Algo similar ocorre(u) em diversos países, que enveredaram pelo sistema capitalista, embora continuassem a pronunciar a retórica dos objetivos do socialismo.

temente dos especialistas financeiros, é provável que os objetivos da organização reflitam as orientações do departamento financeiro. Uma mudança pode entretanto verificar-se se o departamento de marketing assumir papel preponderante na organização. É por essa razão que, por vezes, os objetivos oficiais são uma espécie de "fachada" que pretende legitimar os objetivos da coligação poderosa da organização.

— À medida que muda a envolvente organizacional e as pressões competitivas, as organizações mudam os seus objetivos.

— Os objetivos de curto prazo podem colidir com os de longo prazo. Por exemplo, o lucro a mais longo prazo pode requerer que uma dada organização sacrifique alguns lucros a curto prazo. Daqui decorre que, consoante a perspectiva temporal usada, assim se justificam diferentes medidas de gestão.

— Não raramente, diferentes níveis hierárquicos e diferentes áreas funcionais prosseguem, realmente, objetivos diferentes.

— É pouco comum encontrar convergência entre os objetivos de diferentes *stakeholders*. Daqui decorre a questão de saber quais os objetivos mais importantes: (a) os da coligação dominante?; (b) os dos empregados?; (c) os da gestão intermédia?; (d) os do conselho de administração?; (e) os dos constituintes externos? Questões igualmente relevantes são as de saber (a) qual a importância relativa desses diferentes interesses e (b) como deve proceder-se quando o prosseguimento dos objetivos de alguns constituintes é incompatível com o alcance dos objetivos de outros.

— Uma resposta possível e aparentemente simples a estas questões é a de que os objetivos a prosseguir são os dos acionistas. Mas neste argumento existe um complexo simplismo, que pode ser analisado à luz de, pelo menos, três pontos. (1) Não é claro que todos os proprietários tenham concepções e objetivos similares. Alguns podem preferir ganhos de curto prazo, outros podem preferir dividendos a longo prazo. Alguns preferirão o aumento da cotação bolsista para alienar seu patrimônio, ao passo que outros poderão desejar manter as suas ações durante longo tempo. Alguns preferirão responder positivamente a uma oferta pública de aquisição, enquanto outros preferirão congregar-se para resistir. (2) A interpretação que os gestores fazem dos interesses dos acionistas não é necessariamente consensual. Pode mesmo suceder que os gestores se preocupem mais com os seus interesses do que propriamente com os dos proprietários da empresa – embora possam alegar o contrário. (3) O prosseguimento dos objetivos dos acionistas pode requerer a observância dos objetivos de outros *stakeholders*. Por exemplo, quando a organização descura os objetivos dos empregados, podem emergir problemas de empenhamento, de motivação e de desempenho dos mesmos – fatos que podem verter consequências nefastas para os acionistas.

— A tese segundo a qual os objetivos conduzem às ações não é necessariamente validada pela realidade. Por vezes, ocorre um processo inverso: as organizações atuam e depois "criam" objetivos que justificam as ações (Caixa 2).

— Mesmo que os objetivos da organização sejam consensuais para todos os constituintes e gestores, pode suceder que não sejam traduzíveis em medidas específicas e objetivas. Por exemplo, como se mede objetivamente a "qualidade", a "competitividade", a "responsabilidade social das empresas"?

— Recorrendo à ironia da banda desenhada de Ashleigh Brilliant, o conselho é: "para se assegurar de que acerta no alvo, atire primeiro e, acerte lá onde acertar, chame-lhe o seu alvo".[12]

---

[12] In Banner e Gagné (1995, p. 114).

Caixa 2. "Acertei neste ponto
– logo, este era o alvo que eu desejava"

Do ponto de vista do leitor, qual destas duas sequências se compagina mais com a realidade: (1) definem-se objetivos e depois atua-se para alcançá-los; (2) alcançam-se resultados e depois definem-se estes como sendo os objetivos que se pretende(ia) alcançar? Embora o primeiro processo seja mais racional, não corresponde necessariamente à realidade. Com muita frequência, os seres humanos invertem a ordem. Por exemplo, seguem um dado caminho ou solução (porque o preferem e/ou porque se sentem constrangidos) e depois buscam justificações racionais para fundamentarem a "escolha". Um aluno que alcança uma classificação modesta num teste de uma disciplina pode depois "definir" que não tinha objetivos mais ambiciosos do que esse. Um candidato a emprego que vê o lugar recusado pode depois "definir" que "aquele não era o meu objetivo – apenas me candidatei para me certificar daquilo que não queria".

Na vida empresarial e na avaliação da eficácia das empresas e do trabalho dos gestores, algo do mesmo teor pode ocorrer. Assim, por exemplo, os gestores podem primeiramente atuar para então, em função dos resultados alcançados, definirem esses resultados como sendo os seus objetivos. Recorrendo à ironia da banda desenhada de Ashleigh Brilliant, o conselho é: "para se assegurar de que acerta no alvo, atire primeiro e, acerte lá onde acertar, chame-lhe o seu alvo".[13]

---

[13] In Banner e Gagné (1995, p. 114).

Os meios dos fins

O MODELO SISTÊMICO, ainda que reconheça a importância dos objetivos, enfatiza a necessidade de atender aos meios que são requeridos para alcançá-los.[14] Esta concepção assenta na abordagem dos sistemas abertos, nos termos da qual os *inputs*, o processo de transformação e os *outputs* são parte de um todo e não elementos independentes. Em vez de simplesmente atender aos *outputs* e aos resultados das operações, a abordagem sistêmica presta atenção ao modo como esses fins são alcançados, enfatizando as interdependências entre as várias funções da organização.

Nos termos dessa escola, a organização eficaz é a que mantém relações produtivas com todos os aspectos da envolvente, incluindo os fornecedores, os clientes, os sindicatos, as agências governamentais e outros constituintes. É também a que responde às mudanças nos gostos dos consumidores, na economia, na tecnologia e nos valores societais. Desse ponto de vista, a organização eficaz é a que denota saúde do ponto de vista social/laboral (p. ex., fraco absentismo, elevada coesão e moral do grupo), que tem a capacidade de adquirir os recursos de que necessita para competir, que é suficientemente flexível/adaptável para responder às mudanças na envolvente, que fomenta o desenvolvimento do potencial dos seus colaboradores e que afeta apropriadamente os recursos tendo em vista o ajustamento às mudanças.

---

[14] Miles (1980); Yuchtman e Seashore (1967).

Caixa 3. Meios e fins

A importância dos meios como critérios de medida da eficácia pode ser facilmente aferida com o exemplo da entrega de mercadorias aos clientes, mediante transporte motorizado. A entrega rápida gera maior quantidade de entregas pelo mesmo empregado, o que implica menores custos – e, porventura, menores atrasos na entrega e, por isso, maior satisfação do consumidor. No entanto, a ênfase neste critério pode ter implicações menos positivas. Por exemplo:

— O transportador ultrapassa a velocidade permitida por lei e é alvo de multas – com custos para a empresa.

— Os riscos de acidentes são maiores – donde resultam mais custos para tratamento médico e absentismo do colaborador acidentado.

— O estresse experimentado pelos colaboradores pode gerar problemas de saúde, maior ansiedade na relação com o cliente, menor disponibilidade para conversar e escutar o cliente.

— Ansioso por cumprir metas temporais, os colaboradores descuidam da manutenção do meio de transporte (para não se atrasarem) – fato que pode gerar maiores riscos de acidentes e um uso menos "ponderado" desse mesmo meio de transporte.

— Focalizados na rapidez e na quantidade de entregas, os colaboradores podem inibir-se de cooperar com os colegas – fato que pode gerar prejuízos para a globalidade da empresa.

Em suma: (a) o foco num critério de curto prazo pode afetar a continuidade de objetivos a mais longo prazo e gerar custos de outra natureza; (b) parece ser necessário conciliar objetivos distintos, mesmo paradoxais. A empresa eficaz pode ser a que se focaliza nos dois tipos

> de critérios. Ainda que a consideração dos meios (p. ex., manutenção; tranquilidade da força de trabalho) possa colidir com o alcance do fim "velocidade" e quantidade de entregas, a longo prazo a continuidade dos critérios contraditórios acaba por conduzir à eficácia.

Os investigadores da Universidade de Michigan[15] que estudaram o desempenho de 75 organizações, usando a abordagem sistêmica, preconizaram as dez dimensões de eficácia contempladas no Quadro 4. Uma análise atenta permite compreender que, decorridos quase trinta anos, diversas dessas dimensões não teriam hoje pertinência – e seriam certamente substituídas por outras mais compatíveis com os novos tempos. Um "genuíno" teórico dos sistemas afirmaria, porventura, que "o sistema organizacional muda à medida que muda o sistema mais amplo em que se insere, pelo que é necessário adotar novos indicadores e medidas de eficácia".

A abordagem sistêmica também denota alguns problemas. Por exemplo, nem sempre é fácil definir claramente se uma dada medida de eficácia representa um objetivo ou um meio. Por outro lado, nem sempre é clara a relação entre os meios e os fins – faltando a identificação dos nexos entre os processos e a finalidade de sobrevivência da organização. Parafraseando Banner e Gagné, "todos nós conhecemos organizações maduras e ineficazes que simplesmente não morrem, enquanto outras que alcançam eficazmente a missão acabam por abandonar o negócio".[16] Em suma: a abordagem sistêmica defronta-se com a questão de saber o que é mais importante: o modo como se joga ou o resultado do jogo. Se os fins são alcançados, serão importantes os meios?

---

[15] Seashore e Yuchtman (1967).
[16] Banner e Gagné (1995, p. 117).

Quadro 4. Dez dimensões de eficácia
– uma abordagem sistêmica

Volume de negócios	Volume de vendas relativamente à dimensão da organização
Custos de produção	Custos por unidade do volume vendido
Produtividade dos novos membros organizacionais	Como é que as pessoas com menos de 5 anos de serviço contribuem para a organização
Juventude dos membros	Produtividade dos membros com menos de 35 anos de idade
Mix de negócios	Capacidade da organização para prosseguir com sucesso diferentes estratégias de negócio
Crescimento da força de trabalho	Mudanças absolutas e relativas nos níveis da força de trabalho
Dedicação à gestão	Comissões de vendas ganhas pelos gestores
Custos de manutenção	Custos de manutenção de novos negócios
Produtividade dos membros	Volume de negócios médio por empregado
Penetração de mercado	Proporção do mercado potencial que está a ser explorado

O interesse de satisfazer interesses distintos

As organizações raramente preenchem os critérios de todos os grupos simultaneamente, de tal modo que alguns grupos consideram que as organizações são mais eficazes, mas outros consideram que elas são mais ineficazes.

Friedlander e Pickle (1967),
cit. *in* Walton e Dawson (2001, p. 174).

O MODELO DOS CONSTITUINTES ESTRATÉGICOS expande o âmbito dos dois modelos anteriores, acrescentando as expectativas dos constituintes que gravitam em torno da organização e que são relevantes para a sua existência continuada. A abordagem acaba por ser similar à impregnada no modelo sistêmico. Mas difere dela porque se focaliza nos aspectos da envolvente que são estratégicos para a sobrevivência da empresa – e não na envolvente total. Um constituinte é estratégico quando satisfaz uma ou mais das seguintes condições:

— Pode criar um grande nível de incerteza à organização.

— A organização não é capaz de substituir esse constituinte ou de evitar a dependência.

— O constituinte pode gerar disrupções nas operações e/ou nos planos da empresa através da sua ação direta.[17]

Contrariamente ao modelo racional (dos objetivos), que encara as organizações como racionais e em busca do alcance de objetivos, a abordagem dos constituintes estratégicos encara as organizações como entidades políticas cujos interesses concorrem pelo controle sobre os recursos. Nesse quadro, a eficácia da organização é a capacidade para satisfazer MINIMAMENTE os interesses dos vários constituintes estratégicos. A satisfação é mínima porque muitos desses

---

[17] Miles (1980); Banner e Gagné (1995).

constituintes perfilham interesses distintos e orientações que dificilmente se podem satisfazer completamente. Aqui reside, aliás, uma das maiores dificuldades desta abordagem – pois, não raramente, a satisfação dos interesses de alguns *stakeholders* impede o alcance dos interesses de outros. A questão que então se levanta é a de saber como lidar com estes interesses concorrentes.

Outra dificuldade decorre da mudança rápida da envolvente – de tal modo que o que é estratégico hoje pode deixar de sê-lo amanhã. Ademais, nem sempre é fácil distinguir entre o que é realmente estratégico e o que é apenas marginalmente estratégico. Finalmente, as concepções e as leituras da envolvente não são necessariamente consensuais, pelo que a entidade considerada estratégica por um gestor pode não o ser por outros atores organizacionais. Daqui decorrem divergências sobre as medidas a tomar na organização – e diferentes leituras sobre se a organização está ou não sendo eficaz.

A eficácia está nos olhos do observador – não na organização alvo

> *A eficácia organizacional é uma abstração hipotética existente na mente das pessoas, conferindo significado às ideias ou interpretações acerca da eficácia organizacional, mas não tem qualquer realidade objetiva.*
> Cameron e Whetton (1983),
> cit. *in* Walton e Dawson (2001, p. 173)

Três dimensões. O modelo dos valores contrastantes[18] considera que a eficácia está nos olhos e nos valores do espectador. Os critérios que um indivíduo usa para avaliar a eficácia dependem do que ele próprio é. Diferentes

---

[18] Quinn e Rohrbaugh (1983).

stakeholders perfilham distintas concepções de eficácia – o que sugere que, muitas vezes, as apreciações sobre a eficácia organizacional informam-nos mais sobre os valores do observador/avaliador do que sobre a eficácia da entidade que está a ser avaliada/observada.

O modelo incorpora três dimensões, de cuja conjugação emergem 17 critérios de eficácia. Cada dimensão representa valores que influenciam os critérios usados para avaliar a eficácia (veja Figura 1):

1. A primeira dimensão reflete diferentes valores e preferências pelo foco, que pode ser interno e orientado para as pessoas (p. ex., moral da equipe) ou externo e orientado para a organização (p. ex., crescimento da empresa).

2. A segunda dimensão contrasta valores e preferências relacionados com a estrutura. Alguns critérios focalizam-se nas preferências pela estabilidade e controle (i.e., controle), enquanto outros denotam preferência pela flexibilidade e pela mudança (i.e., flexibilidade). A flexibilidade favorece a inovação, a criatividade e a adaptação. O controle favorece a previsibilidade, a ordem e a estabilidade. O modelo reconhece que nenhuma dessas características é melhor do que a outra.

3. A terceira dimensão refere-se ao binômio meios-fins. Por exemplo, a coesão é uma medida relacionada com os meios, enquanto o lucro se relaciona com fins.

QUATRO MODELOS. Quando se cruzam as dimensões interna-externa e controle-flexibilidade, emergem quatro modelos ou *clusters*, no seio dos quais surgem medidas/critérios que podem reportar-se a meios ou a fins (veja Figura 1):

1. O modelo RACIONAL focaliza-se nos fins da produtividade e da eficiência, que são alcançados mediante o planejamento e a definição de objetivos.

2. O modelo das RELAÇÕES HUMANAS enfatiza a flexibilidade e os assuntos internos da organização. Focaliza-se nos fins do desenvolvimento dos recursos humanos, alcançados por intermédio de meios como a coesão e o moral.

3. O modelo dos PROCESSOS INTERNOS enfatiza o controle e a perspectiva interna. Os fins são a estabilidade e o controle, e os meios são a comunicação e a gestão da informação.

4. O modelo do SISTEMA ABERTO focaliza-se na flexibilidade e nos assuntos externos. Os fins desejados são o crescimento e a aquisição de recursos, alcançados através de meios como a flexibilidade e a resposta rápida.

Figura 1. Modelo dos valores contrastantes[19]

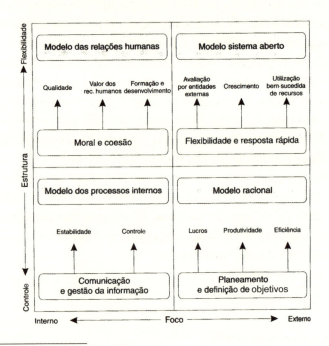

---

[19] Quinn e Rohrbaugh (1983); Walton e Dawson (2001).

Os contrastes. Cada um destes quatro modelos representa um conjunto particular de valores preferidos e tem um opositor polar cuja ênfase é contrastante. O modelo das relações humanas contrasta com o modelo racional. O modelo de sistema aberto contrasta com o modelo de processos internos. Note-se, todavia, que os critérios de eficácia em qualquer dos modelos não são alternativas mutuamente exclusivas na avaliação da eficácia. A ênfase na adaptabilidade e na flexibilidade pode vigorar para certas organizações, sendo concedida atenção secundária ao controle e à estabilidade. Similarmente, o crescimento, a aquisição de recursos e o apoio externo podem ser importantes em outras organizações, sendo concedida atenção secundária à gestão da informação e à comunicação formal.

Diferentes modelos para diferentes situações. Alguma evidência empírica sugere que a ênfase nos vários critérios se relaciona com as fases do ciclo de vida da organização, com a cultura e com a inovação. Por exemplo, alguns investigadores verificaram o seguinte:[20] os critérios do modelo "sistema aberto" dominam no período empreendedor, os critérios do modelo "relações humanas" dominam na fase coletividade, os critérios dos modelos "processos internos" e "racional" dominam no período da formalização, e os critérios do "sistema aberto" dominam no estádio da elaboração, com ênfase moderada nos três modelos restantes. Cameron verificou que as culturas organizacionais desenvolvimentais estavam associadas ao modelo de sistemas abertos, as culturas racionais ao modelo racional, as culturas hierárquicas ao modelo dos processos internos, e as culturas consensuais ao modelo de relações humanas.[21]

---

[20] Quinn e Cameron (1983).
[21] Cameron (1984b).

Note-se que, do ponto de vista prático, o modelo sugere a necessidade de identificar os constituintes relevantes e de inferir a importância relativa que cada um atribui aos valores. A organização eficaz é, pois, a que satisfaz as exigências dos vários constituintes em termos dos seus valores preferidos. Esta abordagem sofre, pois, dos mesmos problemas inerentes à abordagem dos constituintes estratégicos.

Caixa 4. Critérios de eficácia das fundações – importa desejar tudo, mas nem tudo

Um exemplo de como a medição da eficácia pode requerer o recurso a vários modelos (p. ex., objetivos; sistêmico; constituintes estratégicos) e a uma grande diversidade de indicadores é o facultado por Ostrower,[22] numa investigação abarcando os indicadores de eficácia de várias centenas de fundações comunitárias norte-americanas. Os indicadores usados foram os seguintes:

— "RESPONSIVIDADE" (ou sensibilidade) às entidades da envolvente (p. ex., avaliar as necessidades da comunidade; inserir representantes das várias parcelas da comunidade nos órgãos de direção; solicitar contribuições no exterior sobre o modo de executar as atividades da fundação).

— ANGARIAÇÃO DE FUNDOS (p. ex., procura de financiamento em diversos e qualificados doadores).

— DISTINÇÃO EM RELAÇÃO A OUTRAS FUNDAÇÕES.

— PAPEL DE LIDERANÇA NO SEIO DA COMUNIDADE (p. ex., discussão das áreas de intervenção com organismos estatais).

---

[22] Ostrower (2006).

— COMUNICAÇÃO EFICAZ com a envolvente (de modo a obter fundos, reforçar a legitimidade e prestar os serviços realmente necessários à comunidade).

— CONSISTÊNCIA entre, por um lado, as práticas e, por outro, os valores, as crenças e os objetivos declarados.

O autor verificou que a pertinência de cada um destes indicadores não era similar para estas fundações e para outros tipos – como as fundações independentes ou privadas. Verificou também que as fundações estudadas "abraçaram uma definição de eficácia tão ampla que as conduz a tentarem e a serem todas as coisas para todas as pessoas. De tanto acreditarem que necessitam de ser ativas em tantas frentes, torna-se difícil ver como podem ser eficazes à luz de tantos padrões, sendo isso especialmente válido para as pequenas e médias fundações".[23]

O caso ajuda a compreender como a eficácia dessas organizações é, em certa medida, ambivalente: requer a consideração de múltiplos constituintes estratégicos, mas também exige alguma parcimônia, sob pena de as energias serem apontadas em múltiplas direções e suscitarem dificuldades de conciliação.

A eficácia é não ser ineficaz

O MODELO DE INEFICÁCIA focaliza-se nos fatores que inibem o desempenho.[24] Concebe a organização como um conjunto de problemas e falhas. Considera que é mais fácil,

---

[23] Otrower (2006, p. 28).
[24] Cameron (1984a).

rigoroso, consensual e benéfico identificar problemas e falhas do que critérios de eficácia. Por conseguinte, a eficácia é interpretada como a ausência de fatores de ineficácia.

O modelo ajuda a compreender como o foco na ineficácia e nas falhas pode ser uma forma particularmente proveitosa de aprender e de fomentar a eficácia. Como refere Baum, a aprendizagem através da análise das falhas constitui uma forma de evitar falhas maiores e, desse modo, um caminho para o evitamento das crises que podem gerar o fracasso de uma empresa. O foco no fracasso pode induzir a organização a complementar a habitual atenção às "melhores práticas" com uma menos habitual análise das "piores práticas". Se o foco nas melhores práticas pode consolidar hábitos e gerar inércia, a atenção às piores práticas pode ser uma forma de desinquietação que favorece a aprendizagem e a eficácia futura.[25]

---

[25] Baum (2005).

Lição 4

As Semelhanças entre as Diferenças

Cada um destes cinco modelos denota vantagens e desvantagens. Pode mesmo ser útil para diferentes fases do ciclo de vida de uma organização. Pode ser mais pertinente em determinadas culturas nacionais do que em outras. E inclui alguns elementos que não estão presentes nos outros. Todavia, nenhum contempla o significado total da eficácia.[1]

Quadro 5. Comparação entre os cinco modelos de eficácia[2]

Modelos	Conceitualização da organização	Foco	Situações em que o modelo pode ser mais útil
Modelo dos objetivos	A organização como um conjunto racional de arranjos orientados para o alcance de objetivos	Alcance dos objetivos (fins)	Os objetivos são claros, consensuais, aprazados e mensuráveis
Modelo sistêmico	A organização como um sistema aberto (*input*, transformação e *output*)	*Inputs*, aquisição de recursos e processos internos (meios)	Existe uma relação clara entre os *inputs* e o desempenho/eficácia

---

[1] Cameron (1984a); Walton e Dawson (2001).

[2] Construído a partir de: Cameron (1986); Henri (2004).

Modelos	Conceitualização da organização	Foco	Situações em que o modelo pode ser mais útil
Modelo dos constituintes estratégicos	A organização é composta por constituintes internos e externos que negociam um conjunto complexo de constrangimentos, objetivos e referentes	Resposta da organização às expectativas dos *stakeholders* poderosos que gravitam em torno da organização	Os constituintes têm poderosa influência sobre a organização, sendo necessário responder-lhes
Modelo dos valores contrastantes	A organização como um conjunto de valores contrastante que criam múltiplos objetivos conflituantes	Três dimensões de valores contrastantes: (1) foco interno vs. externo; (2) controle vs. flexibilidade; (3) meios vs. fins	A organização não é clara acerca dos seus próprios critérios, ou há interesse em que os critérios mudem ao longo do tempo
Modelo da ineficácia	A organização como um conjunto de problemas e defeitos	Fatores que inibem o desempenho organizacional bem-sucedido	Os critérios de eficácia não são claros, ou são necessárias estratégias de melhoria

Importa ainda acrescentar que esses cinco modelos não esgotam as concepções sobre a eficácia/desempenho organizacional. Para além deles, outros podem ser apontados – embora haja neles aspectos que se sobrepõem a outros. Eis alguns exemplos:[3]

---

[3] Cameron (1986); Meyer e Gupta (1994); Glunk e Wilderom (2004).

— O MODELO POLÍTICO argumenta que a definição de eficácia depende das preferências do indivíduo que domina a empresa (por exemplo, o chefe ou o patrão) ou da coligação dominante desta.

— O MODELO DE NEGÓCIO é uma ferramenta heurística e uma descrição das possíveis relações entre medidas de desempenho. Ajuda a compreender as ligações causais entre diversos aspectos da vida organizacional. Por exemplo, admite que a qualidade dos produtos aumenta a satisfação do cliente, a qual contribui para a quota de mercado, de modo que daqui resultam maiores lucros (mais rendimentos e menores custos), que induzem o aumento das cotações das ações, de que resulta maior investimento dos agentes do mercado na empresa, gerando assim maior potencial de eficácia futura. Esse modelo considera que há múltiplas medidas de desempenho e que nenhuma delas toma precedência sobre as restantes, devendo haver a preocupação de maximizar todas.

— O MODELO DA LEGITIMIDADE considera que a organização eficaz é a que se envolve em atividades legítimas, em "boas práticas" social e institucionalmente reconhecidas e/ou consideradas desejáveis. Por conseguinte, cabe-lhe procurar ser reconhecida pelas entidades reguladoras, pelos concorrentes, pela comunidade e, até, pela "opinião pública".

— O MODELO DOS SISTEMAS DE ELEVADO DESEMPENHO avalia a eficácia em função do grau em que a organização é excelente relativamente a organizações similares. Em grande medida, este é o modelo que subjaz aos prêmios de excelência como o da *European Foundation for Quality Management.*

— O MODELO DOS PROCESSOS INTERNOS foi formulado em resposta à perspectiva estática do modelo dos objetivos. Assenta tanto no modelo sistêmico como nos modelos das relações humanas. Focaliza-se nos processos internos que aumentam a capacidade da organização para lidar com as mudanças no meio externo. A eficácia é então definida como o comportamento interno regular e é avaliada através de critérios de saúde interna,[4] como a adaptabilidade, o forte sentido de identidade e a capacidade de testar a realidade, o clima de trabalho positivo, a força da cultura, a comunicação apropriada. Apesar de ter fraca projeção na literatura, este modelo pode ser especialmente apropriado para organizações em que é difícil medir com precisão os resultados – como são os casos de organizações privadas não lucrativas ou organizações públicas.

— O MODELO PARADOXAL abarca aspectos de outros modelos, mas distingue-se deles pelas suas idiossincrasias. Considera que as medidas de desempenho podem ser múltiplas, que podem mudar ao longo do tempo, que podem não se relacionar entre si, e que diversos fatores contribuem para que determinadas medidas sejam usadas num dado momento e modificadas em momento posterior. Entre outros aspectos, o modelo sugere que, à medida que um dado critério vai sendo perfilhado por maior quantidade de empresas, esse critério perde potencial para comparar as empresas – pelo que novos critérios tendem a surgir. Sugere, ainda, que a eficácia organizacional é inerentemente paradoxal. Argumenta que, para ser eficaz, uma organização deve possuir atributos que são simultaneamente contraditórios, mesmo mutuamente exclusivos.

---

[4] Bennis (1966).

Lição 5

O Paradoxo é Paradoxal

A VANTAGEM ESTÁ NO PARADOXO. A abordagem paradoxal é de grande relevância para a interpretação das organizações. Ajuda a compreender como algumas organizações são capazes de se adaptarem com sucesso à turbulência atual. Segundo Cameron, uma das características fundamentais das organizações que têm essa capacidade é a presença do paradoxo.[1] Se o paradoxo não existir, os ciclos disfuncionais emergem e conduzem à ineficácia. Ou seja, atributos como os seguintes estão presentes nas organizações mais bem-sucedidas:

— Ligações frouxas (que encorajam a pesquisa alargada, a inicição da inovação e a autonomia funcional), assim como ligações apertadas (que encorajam a execução rápida, a implementação da inovação e a reciprocidade funcional).

— Elevada especialização dos papéis (que reforça a especialização e a eficiência), assim como elevada generalidade (que reforça a flexibilidade e a interdependência).

— Continuidade da liderança (que permite estabilidade, planejamento a longo prazo e memória institucional) e infusão de novos líderes (que permite inovação, adaptabilidade e circulação).

— Variantes que amplificam os processos (que encorajam o conflito produtivo e a oposição que energiza a organização) e variantes que reduzem os processos (que encorajam a harmonia e o consenso necessários para fomentar a confiança e fluxos de informação suaves).

---

[1] Cameron (1986).

— Procura expandida na tomada de decisão (que permite auscultar mais amplamente a envolvente, aceder a mais informação e gerar *inputs* divergentes) e criação de inibidores ao excesso de informação (que reduz e amortece a quantidade de informação que chega aos decisores e conduz à convergência na tomada de decisão).

— Descomprometimento com as estratégias passadas (que fomenta novas perspectivas e a inovação e evita a definição de novos problemas simplesmente como variações dos velhos problemas) e reintegração e reforço das raízes (que fomenta o empenhamento num determinado sentido de identidade organizacional, na missão e nas estratégias passadas).

Caixa 5. Os paradoxos numa grande empresa de telecomunicações

Um exemplo interessante das vantagens do paradoxo é o da Telnor – uma empresa de telecomunicações norueguesa. Numa pesquisa sobre o processo de reorganização após a desregulamentação do setor, os investigadores verificaram o seguinte: (1) num sistema com partes muito diferentes (p. ex., áreas de negócio), a centralização pode gerar uma dinâmica caótica; (2) ao contrário, a descentralização pode gerar uma dinâmica de estabilidade. Sugere-se ao leitor que consulte o artigo para aprofundamento. Os autores sugeriram que, ao contrário, quando as partes são similares, a centralização pode gerar estabilidade e a descentralização pode induzir o caos. Para aprofundamento, sugere-se ao leitor a consulta do artigo, que foi publicado no *Journal of Organizational Change Management*.[2]

---

[2] Hundsnes e Meyer (2006).

PARADOXO – NÃO CISMOGÉNESE. Note-se que é a tensão gerada entre os opositores simultâneos que contribui para a eficácia. No caso de a tensão não existir, ocorre o que pode ser designado "cismogénese" improdutiva. A cismogénese é um processo de autorreforço em que uma ação ou atributo na organização se perpetua a si própria até que se torne extrema e, então, disfuncional. Por exemplo, um indivíduo *A* que domina um indivíduo *B* pode gerar submissão em *B*, de que decorre ainda maior dominação da parte de *A*, que por seu turno provoca maior submissão de *B*. Esse é o processo de cismogénese complementar.

Outro exemplo é o um líder carismático muito admirado por seus colaboradores. Essa admiração pode gerar um grande sentido de "entrega" e dedicação ao trabalho – daqui advindo elevados desempenhos. Quanto mais se "entregam" ao líder, mais este reforça a sua aura carismática. Daqui pode decorrer a obediência cega ao líder e o cumprimento empenhado das suas orientações e ordens – mesmo quando estas se tornam absurdas ou abusivas. Com o decurso do tempo, os colaboradores perdem espírito crítico e transmitem ao líder apenas a informação que ele aprecia e/ou que reforça as suas posições. O efeito final pode ser a perversidade comportamental, a incapacidade para ler a realidade de modo realista e o declínio no desempenho dos colaboradores, do líder e da organização. Morin foi peremptório a esse respeito:

> *O poder carismático aceite pelo subordinado, por meio da sua submissão inconsciente, conduz este último a aceitar todas as arbitrariedades da parte de seu superior, e, por vezes, a admirá-lo ainda mais. (...) O poder de origem carismática abandonado pelo subordinado ao superior torna-se, a prazo, viciado. É um suplemento de poder desnecessário, que a situação não exige. Ele tem a sua raiz numa dependência inconsciente ou numa complacência face à submissão, e termi-*

na, paradoxalmente, por dissimular as dependências e poderes necessariamente ligados à situação. Muitos quadros sentem-se atraídos pelo poder carismático sem se aperceberem de tudo o que ele pode, a prazo, induzir em termos de reações imaturas, pouco conscientes, pouco controladas de uma e outra parte.[3]

O processo de cismogénese simétrica ocorre quando a dominação de *A* provoca uma reação de dominação de *B*, que gera maior ímpeto dominador de *A*. Algo desse teor ocorre com a corrida ao armamento – ou com a guerra de preços entre empresas, de tal modo que todas acabam por ficar prejudicadas (veja Caixa 10).

O paradoxo, contrariamente à cismogénese, implica opostos mutuamente exclusivos, e não opostos que se reforçam mutuamente. Por exemplo, as ligações frouxas numa organização eficaz não causam uma reação de ligações mais apertadas, nem sequer ligações mais frouxas. Ao contrário, atributos contraditórios e simultâneos existem, os quais criam tanto equilíbrio como dinamismo.

COMO SE EXPLICA A EFICÁCIA DO PARADOXO. Eis três princípios dos paradoxos que contribuem para a eficácia organizacional:[4]

— A orientação extremada para um critério de eficácia cria linearidade e disfunções. Ou seja, algum equilíbrio deve existir. Eis dois exemplos: (1) A organização eficaz denota tanto proatividade e empreendedorismo quanto estabilidade e controle. Contudo, excessiva inovação pode criar perda de direção, desperdício de energia e a disrupção da continuidade. (2) Uma ênfase excessiva no controle e na coordenação pode produzir estagnação, perda de energia e abolição da

---

[3] Morin (1991, p. 37-38).
[4] Cameron (1986).

confiança e do moral. É a presença de paradoxos equilibrados que energiza o sistema.

— A síntese é desejável, mas não necessária para a excelência. O paradoxo não necessita de ser resolvido para ser adaptativo. O mero reconhecimento de que dois elementos opostos são simultaneamente verdadeiros e presentes num sistema cria flexibilidade e liberdade que não estão presentes nos sistemas totalmente lineares. As contradições não necessitam de ser reconciliadas para melhorar a eficácia, pois os paradoxos não são necessariamente dialéticos. A necessidade de resolver todas as contradições simultâneas pode, aliás, inibir a excelência porque elimina a tensão criativa que os paradoxos produzem.

— Os paradoxos são paradoxais. São confusos e compreensíveis, comuns e surpreendentes.

Caixa 6. Paradoxalmente, os paradoxos não são dilemas nem inconsistências

1. Paradoxo e outros conceitos

O paradoxo é uma ideia que envolve dois pensamentos ou proposições opostas, as quais, ainda que contraditórias, são igualmente necessárias para melhor explicar a realidade do que cada um dos pensamentos isoladamente. "O que a mente aparentemente não pode pensar deve pensar: o que a razão é relutante a expressar, ela deve expressar".[5] O paradoxo, portanto, envolve elementos contraditórios, mutuamente exclusivos, que estão presentes e operam igualmente ao mesmo tempo. Distingue-se de conceitos que, por vezes, são usados como sinônimos (mesmo por autores citados neste livro):

---

[5] Slaate (1968), cit. in Cameron (1986, p. 545).

— O dilema é uma situação que envolve várias alternativas, havendo necessidade de selecionar, entre as más, a menos má – ou, entre as boas, a melhor. Por exemplo, há dilema quando o gestor não sabe se deve manter os colaboradores ou dispensá-los.

— A inconsistência é uma anomalia ou descontinuidade entre padrões passados. Por exemplo, uma empresa habitualmente malsucedida com determinado produto descobre, num certo momento, que a procura cresceu exponencialmente.

— Uma dialética é um padrão que começa com uma tese, seguida de uma antítese, a que se segue uma síntese. Por exemplo, o entusiasmo da empresa com um novo produto tem como consequência a rejeição completa pelo mercado, o que leva a empresa a estudar e lançar uma solução de produto que não é exatamente o produto novo nem o antigo.

— A ambivalência é a coexistência de sentimentos e/ou valores antagônicos sobre o mesmo alvo. Pode também ser a qualidade de algo que tem dois valores.

— Um conflito é a perpetuação de uma alternativa a expensas de outras.

— O paradoxo difere de cada um desses conceitos na medida em que nenhuma escolha necessita de ser feita entre duas ou mais contradições. Ambas as contradições num paradoxo são aceitas e estão presentes. Ambas operam simultaneamente.

2. O paradoxo da produtividade[6]

O Prêmio Nobel da Economia, Robert Solow, afirmou em 1987 que "vemos o computador por toda

---

[6] Solow (1987); Brynjolfsson (1993); The Economist (2000); Kraemer e Dedrick (2001).

parte, menos nas estatísticas de produtividade". Na gênese do aforismo estava a ideia de que os colossais investimentos em tecnologias da informação (TI) não se repercutiam em incrementos da produtividade. Dados empíricos posteriormente obtidos confirmaram a verosimilhança da tese. Várias razões têm sido apontadas para este denominado "paradoxo da produtividade" ou "paradoxo de Solow". Eis algumas:

— Para que as TI exerçam impacto significativo na produtividade, é necessário atingir certa massa crítica e uma determinada taxa de penetração. Ou seja, apenas quando as TI estiverem bem disseminadas e forem usadas de modo competente e eficiente pela generalidade dos utilizadores é que seus efeitos na produtividade se fazem sentir. Algo do mesmo teor terá ocorrido com a eletricidade, cujos efeitos na produtividade se fizeram sentir apenas algumas dezenas de anos após seu aparecimento.

— As primeiras TI focalizam-se em aplicações (p. ex., processamento de texto) com fraco impacto na produtividade.

— Em muitas organizações, o uso das TI continua a ser acompanhado dos antigos procedimentos e do uso de papel. Por exemplo, os sumários das aulas de uma universidade, antes redigidos em suporte de papel, passam a ser redigidos na plataforma virtual – mas mantém-se a obrigatoriedade de imprimi-los e colocá-los nos dossiês tradicionais.

— Numa fase inicial, a *interface* das TI com os utilizadores é pobre, daí decorrendo demoras e dificuldades de uso.

— Desperdiçam-se muitos recursos em tecnologias de apresentação (p. ex., Powerpoint), a expensas de outros investimentos.

— As práticas de gestão não se ajustam às novas tecnologias nem aproveitam seu potencial. As "culpas" do paradoxo advêm, pois, de falhas na gestão – e não das tecnologias.

Estudos mais recentes parecem sugerir que a explicação referente à massa crítica faz algum sentido, pois novos dados parecem sugerir que "agora" as TI contribuem para a produtividade (embora alguns economistas continuem a discordar). Surge então novo paradoxo: se as TI são tão contributivas da produtividade, porque é que se assiste a um alegado subinvestimento nas mesmas?

Perguntas ao leitor:
— Concorda com a designação "paradoxo" para explicar essas ocorrências?
— Os gestores e os decisores humanos serão seres irracionais?

Lição 6

A Aprendizagem Gera Esgotamento

Critérios de medida
que vão sendo abandonados

À medida que o tempo decorre, muitos critérios de eficácia esgotam a sua capacidade de distinguir entre o melhor e o pior desempenho.[1] Pelo menos, quatro tipos de razões ajudam a compreender por que motivo isso ocorre: (1) aprendizagem positiva; (2) aprendizagem perversa; (3) seleção; (4) supressão.

APRENDIZAGEM POSITIVA. A aprendizagem positiva sucede quando as empresas vão melhorando realmente seu desempenho, de tal modo que as diferenças entre elas vão diminuindo. Em determinado momento, aquela medida de eficácia deixa de ter potencial para distinguir entre as empresas mais e menos eficazes. E cada uma das empresas, conforme vai atingindo boas cotações nessas medidas, verifica que estagna. Surge, então, a necessidade de instituir novas medidas, sendo diversas as razões. Por exemplo:

— As empresas procuram distinguir-se das outras, pelo que começam a usar novos critérios que lhes são mais favoráveis.

— Os analistas e/ou os meios de comunicação social e/ou os reguladores começam a buscar novos modos de distinguir entre diversas empresas, pelo que adotam novos critérios.

---

[1] Meyer e Gupta (1994); Meyer (2005).

À medida que algumas empresas adquirem maior visibilidade e reconhecimento nessas novas medidas, outras organizações vão procurando atuar em conformidade – para também elas alcançarem bons resultados, num processo que bem pode ser designado de isomorfismo. Ocorre, então, um novo ciclo – até que o potencial dessas novas medidas para distinguir as empresas também se esgota. Ou seja, em determinado momento, a maior parte das organizações aprende a atuar mais positivamente, alcançando níveis de eficácia mais próximos dos alcançados por outras empresas – surge então a necessidade de novas medidas que distingam as empresas.

Um exemplo porventura interessante para Portugal é o das certificações de qualidade. À medida que o tempo foi decorrendo, uma maior quantidade de empresas foi satisfazendo os critérios correspondentes e obtendo os certificados. A consequência foi simplesmente esta: hoje, é mais difícil distinguir as empresas mediante os critérios impregnados nos modelos de certificação. As próprias empresas, hoje, preocupam-se menos do que antes em fazer alusão aos certificados para aumentarem a sua reputação junto da clientela e de outros *stakeholders*.[2]

É possível que algo do mesmo teor venha a decorrer com as certificações e as medidas de responsabilidade social. Parece plausível supor que algumas empresas procuram certificações e se regem por critérios de responsabilidade social (e disso fazem alarde) para assim se diferenciarem da concorrência.[3] Se, porventura, a tendência acabar por se expandir à generalidade das empresas, é provável que, dentro de dez ou quinze anos, nova vaga de critérios de desempenho surja.

---

[2] Note-se que o argumento não pretende desvalorizar a importância dos certificados. O que se afirma é que, há alguns anos, algumas empresas sublinhavam vigorosamente os seus certificados para se diferenciarem – mas essa diferenciação é hoje mais difícil porque numerosas empresas beneficiam-se do mesmo "recurso".

[3] Veja o livro Gestão ética e socialmente responsável (Rego et al., 2006).

Em nível individual, algo similar ocorreu a propósito da proficiência em línguas estrangeiras. Dado que uma quantidade progressiva de estudantes aprendeu a falar o inglês, o que "verdadeiramente" mais distingue os estudantes é, neste campo, a proficiência em outras línguas.

APRENDIZAGEM PERVERSA. A aprendizagem perversa tem lugar quando há melhorias na aparência, mas não no real desempenho. Em certa medida, é isso que ocorre na avaliação dos estudantes. Em determinado momento, tão ou mais importante do que a aprendizagem e a compreensão das matérias é o alcance de uma boa classificação nos testes. Com esse enfoque nas classificações, pode mesmo suceder que outros aspectos da aprendizagem sejam descurados – o que representa uma perda real da "eficácia".

Com as empresas, algo similar pode ocorrer. Por exemplo, os gestores, orientados para o cumprimento de critérios de desempenho financeiro de curto prazo, podem tornar--se insensíveis a critérios de desempenho de longo prazo – podendo mesmo prejudicar a qualidade dos produtos, o empenhamento dos colaboradores e a sustentabilidade da organização a mais longo prazo. O caso dos processos de *downsizing* é paradigmático. Muitos gerentes, pressionados para o alcance de objetivos de curto prazo que os analistas e o mercado requerem, realizaram demissões de modo a emagrecer as empresas. Mas os efeitos foram muitas vezes perversos. Eis algumas razões possíveis:[4]

— Os sobreviventes ficam desmotivados, pelo que seu desempenho a prazo fica prejudicado.

— Muitos talentos acabam por abandonar a empresa.

— Os clientes, descontentes com o modo como a empresa atuou, baixam suas concepções acerca da empresa, que vê prejudicada sua reputação.

---

[4] Rego e Cunha (2005).

— A própria capacidade dos gestores fica diminuída quando o processo de *downsizing* é turbulento, lhes provoca sentimentos de culpa e uma postura de defensividade – e não de proatividade.

Em Portugal, a aprendizagem perversa também ocorreu em diversas empresas que obtiveram certificados de qualidade. Mais preocupadas em obter o certificado do que em melhorar a qualidade, algumas empresas focalizaram-se sobretudo nos aspectos burocráticos e formais – descurando outras matérias fortemente relacionadas com a "verdadeira" qualidade.

Seleção. A seleção ocorre, por exemplo, quando as empresas adquirem ou se fundem com outras que cumprem bem determinados critérios de desempenho – e/ou quando desinvestem naquelas que não cumprem esses critérios. A consequência é a diminuição da quantidade de empresas de fraco desempenho nesses critérios – de que decorre a diminuição da variabilidade entre as organizações existentes no mercado. Os critérios vigentes perdem então potencial para diferenciar as empresas de maior e de menor desempenho, pelo que novos critérios são procurados.

Algo similar ocorre quando as empresas contratam profissionais de topo que lhes garantem o alcance dos critérios de desempenho atualmente prevalecentes. O reverso da medalha é a secundarização dos profissionais e dos gestores que não aderem a esses critérios. Quando essa focalização é adotada por uma grande quantidade de empresas, espera-se que as empresas se concentrem em critérios de eficácia similares – pois os decisores chave perfilham medidas de eficácia semelhantes. A consequência poderá ser a convergência dos níveis de desempenho no que concerne a esses critérios, sendo reduzida a variabilidade entre as empresas. A tendência será, então, para a procura de novos critérios que permitam estabelecer maior diferenciação entre as empresas.

SUPRESSÃO. A supressão ocorre quando as organizações suprimem as diferenças persistentes de desempenho. Por exemplo, quando se verifica que uma grande quantidade de hospitais não cumpre determinados requisitos de serviço ao usuário, e que dificilmente a situação se altera, há o risco de se optar por novos critérios de medida do desempenho. Algo similar pode ocorrer, por exemplo, quando se verifica que numerosas empresas não satisfazem determinados critérios ambientais – nem conseguem vir a satisfazer. Uma possível resposta à situação é a supressão do uso desses critérios.

No terreno universitário, algo análogo ocorre na seleção dos candidatos. Em algumas universidades, perante a queda da quantidade de alunos ingressados em determinados cursos, as provas específicas de matemática foram removidas – numa tentativa de aumentar a quantidade de pretendentes do curso. O que pretendia ser um "meio" exigente para alcançar eficácia foi, a partir de determinado momento, perspectivado como um obstáculo para a "sobrevivência" das organizações de ensino ou de alguns cursos superiores – pelo que a exigência foi removida.

Exemplos de efeitos perversos da avaliação da eficácia[5]

Inúmeras organizações públicas, nos últimos anos, têm sido impelidas – por sua própria iniciativa ou por imposição externa (p. ex., Estado) – a enveredar por sistemas de medição da eficácia. Em grande medida, essa opção resulta duma alegada necessidade de aplicar às organizações públicas os mesmos princípios de ação da gestão privada. Ainda que diversos efeitos positivos possam ser atribuídos a essas novas políticas, são também indubitáveis os efeitos perversos e não desejados (veja Caixas 7 e 8). São segui-

---

[5] Van Thiel e Leeuw (2002).

damente expostos alguns exemplos. O leitor será capaz de encontrar diversas semelhanças com o que pode ocorrer nas organizações privadas.

Caixa 7. Consequências indesejadas da avaliação do desempenho das organizações públicas[6]

A avaliação do desempenho das organizações públicas tem assumido um relevo crescente. Todavia, são por vezes descurados os efeitos indesejados. Eis alguns dos porventura mais relevantes:

— A avaliação pode gerar um aumento elevado de custos de monitorização, produzindo também mais burocracia que contribui para a ineficiência.

— Pode inibir a inovação e ossificar a organização, o que gera paralisia organizacional.

— Pode gerar uma visão de túnel – ou seja, uma ênfase nos fenômenos que são quantificados em detrimento dos aspectos não quantificados.

— Pode provocar subotimização – ou seja, a focalização dos gestores nos objetivos locais, à custa da organização como um todo.

— Pode gerar a fixação dos gestores, assim como dos colaboradores em geral, nas medidas – mais do que nos objetivos subjacentes.

— Pode induzir uma preocupação acentuada pelos aspectos que podem contribuir para a reputação da organização descuidando das atividades essenciais. Por exemplo, uma universidade pode preocupar-se mais com a sua reputação externa do que, propriamente, com a melhoria do ensino.

---

[6] Thiel e Leeuw (2002).

> — Os dados de desempenho divulgados podem ser contraproducentes. Por exemplo, uma instituição de ensino que obtenha uma posição modesta no *ranking* devido a problemas de medição, mas que seja realmente de boa qualidade, pode começar a receber estudantes de menos boa qualidade – acabando por ver seu desempenho realmente diminuído.
>
> — Os indivíduos avaliados (i.e., os responsáveis pelas organizações alvo de avaliação) são também os que têm acesso privilegiado (ou mesmo monopolista) às fontes de informação usadas para a avaliação – pelo que se servem da posição para facultar apenas a informação que lhes é mais propícia a uma boa avaliação.

A APRENDIZAGEM PERVERSA – UM PARADOXO INTENCIONAL. Um estudo pertinente para compreender como funciona o paradoxo e ocorre a "aprendizagem perversa" foi realizado por Smith[7] no *British National Health Service*. Ficou estipulado que os pacientes não deveriam aguardar mais do que dois anos na lista para operações cirúrgicas. O resultado foi que o tempo de espera realmente diminuiu. No entanto, mediante inspeção, verificou-se que as consultas (a partir das quais a contagem do tempo era feita) foram sendo adiadas – para que a contagem do tempo começasse a ser feita mais tarde. Na verdade, o tempo de espera não diminuíra – apenas se erigiu um "estratagema" para que a contagem fosse "ajustada". Encontrará o leitor algo semelhante nas instituições de saúde brasileiras?

---

[7] Smith (1995, p. 272).

A PERCENTAGEM DE CRIMES RESOLVIDOS PELA POLÍCIA HOLANDESA – UM PARADOXO NÃO INTENCIONAL. Segundo um estudo de Wiebrens e Essers,[8] a percentagem de crimes resolvidos pela polícia holandesa baixou – um indicador de que, alegadamente, seu desempenho teria diminuído. No entanto, durante o período sob análise, uma maior quantidade de criminosos foi presa, acusada e penalizada – fato que sugere a melhoria do desempenho. O que parece ter sucedido é que o padrão de crimes na Holanda desenvolveu-se de um modo que invalidou o indicador de desempenho internacionalmente reconhecido. Por exemplo, o crime tornou-se mais violento – mas o indicador de desempenho usado não diferencia entre, por exemplo, os crimes graves e os de menor gravidade. Acresce que a polícia conseguiu prender mais criminosos pela prática de crimes diversos – fato que reduz a quantidade média de crimes por criminoso. Ou seja, a polícia não passou a atuar de modo menos eficaz – o indicador é que era inapropriado e merecia ser substituído.

OUTRO PARADOXO NÃO INTENCIONAL. Suponha o leitor que uma dada agência de emprego tem como missão ajudar desempregados com maiores necessidades dos seus serviços (ou seja, pessoas com menor formação e economicamente mais desfavorecidas). Todavia, o desempenho da agência é avaliado pela quantidade de pessoas colocadas. Uma das consequências possíveis é que a agência, para melhorar seu indicador de desempenho, se focaliza nos indivíduos menos necessitados – pois tem mais facilidade de arranjar-lhes emprego. Ou seja: a agência é eficaz à luz do critério de eficácia, mas é ineficaz se for tida em conta a sua missão.

---

[8] Wiebrens e Essers (1999), cit. in Van Thiel e Leeuw (2002).

MELHORAR NOS TESTES – MAS NÃO NECESSARIAMENTE NO DESEMPENHO. Suponha o leitor que as notas dos alunos nas provas determinam os orçamentos das escolas, os salários dos professores e as posições dos diretores. Uma das possíveis consequências é que os professores e as escolas se concentrem mais nas perguntas que podem surgir nos testes do que na aprendizagem dos alunos propriamente dita. Algo desse teor foi identificado num inquérito do *USA Today* e da Associação Americana de Professores. Segundo Van Thiel e Leeuw, essa "trapaça" não só não ajuda o desenvolvimento intelectual e a formação dos estudantes, como também pode aumentar o risco de fracasso. Ou seja: o que se pretende que seja uma medida de eficácia acaba por se traduzir em ineficácia![9]

DESNATAR O CREME. "A desnatação do creme" é a tendência dos gestores para ignorarem os aspectos de uma política de avaliação da eficácia que podem prejudicar os seus *scores*. Por exemplo, uma organização pode decidir prestar bens e serviços apenas aos usuários menos dispendiosos ou mais "atraentes" para as medidas de eficácia. É o que ocorre quando um hospital, para diminuir os tempos de permanência dos doentes, recusa ou se "liberta" de doentes que necessitam de mais tempo.

---

[9] Van Thiel e Leeuw (2002).

Caixa 8. Como prevenir potenciais efeitos perversos das medidas de eficácia das organizações públicas[10]

Seguidamente, expõem-se algumas pistas sobre como avaliar a eficácia de organizações públicas. Destinam-se, sobretudo, às entidades reguladoras e/ou governamentais que pretendem definir mecanismos de avaliação das organizações sob sua tutela. Mas diversas pistas são extensíveis às organizações em geral.

— Recorra a diversos indicadores, e não apenas a um. Por exemplo, concilie critérios de custos (p. ex., tempo de permanência do usuário no hospital) com critérios de satisfação dos usuários. Note, porém, que os dois indicadores não são necessariamente negativamente relacionados. Ou seja, não é pelo fato de se diminuírem os tempos de permanência que a satisfação dos usuários aumenta – nem vice-versa. Por exemplo, o aumento dos tempos de permanência pode mesmo gerar insatisfação entre os usuários, devido ao excesso de tempo passado numa instituição pouco familiar e massificada.

— Mude, periodicamente, os indicadores de medida da eficácia – para que não surjam os vícios da aprendizagem perversa e/ou da supressão (que esta seção explanou).

— Preste atenção a quem desenvolve os indicadores. Por exemplo, as organizações que desenvolvem os seus próprios indicadores têm mais oportunidades de manipular a informação para seu benefício.

---

[10] Inspirado em Van Thiel e Leeuw (2002).

> — Recorra a comparações entre organizações e/ ou entre unidades da mesma organização.
> — Fique atento à natureza do serviço público. Os serviços públicos não podem depender apenas de critérios de "eficiência" e "eficácia" – mas também de justiça, de equidade e de responsabilidade.[11]

Critérios de medida
que vão sendo perfilhados

As melhores empresas definem objetivos – e mudam-nos continuamente. Uma consequência dessa previsão é que os melhores gestores usarão legiões de consultores de compensação e desempenho para encontrar medidas "corretas"; libertar-se-ão desses conselhos após um intervalo de tempo decente; e então contratarão novas equipes de consultores. A longo prazo, as melhores empresas colocarão de lado os consultores e delegarão as responsabilidades a seus empregados para que encontrem e implementem as novas medidas de desempenho.

Meyer (2005, p. 291)

Quando alguns critérios de medida da eficácia são abandonados, outros ocupam seu lugar. A questão que então se coloca é a de saber quais. A resposta parece estar em critérios que não se correlacionam com os anteriores – isto é, não se lhes opõem completamente nem lhes são próximos.

É pouco provável que a escolha recaia sobre critérios completamente antagonicos dos anteriores, já que as resistências tenderiam a ser muito vigorosas. Por exemplo:

— As organizações públicas tenderão a resistir a novos critérios que as arredam do topo dos *rankings* (i.e., que as "transformam" de eficazes em ineficazes).

---

[11] Van Thiel e Leeuw (2002, p. 277).

— As organizações poderosas, habituadas a serem bem "pontuadas" com critérios financeiros, tenderão a resistir à inserção de critérios socioambientais que as colocam no fundo do *ranking*.

— Os professores habituados a serem avaliados de acordo com as suas publicações tenderão a resistir à substituição por critérios que descurem completamente essa matéria.

— Quando alguns *stakeholders* pressionam a organização para a inserção de critérios que colidem com os que antes beneficiavam os acionistas, é provável que estes resistam.

Mas é também pouco plausível que os novos critérios estejam fortemente relacionados com os anteriores. Isso equivaleria a substituir uma medida por outra praticamente igual. E daí nada seria acrescentado que permitisse explicar as diferenças de desempenho entre as empresas. Finalmente, as próprias entidades reguladoras e/ou avaliadoras chegariam a comparações nada divergentes das anteriores – ou seja, nada de novo emergiria da nova medida.

O mais plausível é, pois, que os novos critérios não se relacionem com as medidas anteriores. Algo desse teor ocorreu, por exemplo, na *General Electric*. Antes dos anos 1950, os critérios eram sobretudo orçamentais e o processo era centralizado. Em 1951, iniciou-se o *Measurement Project* para desenvolver métricas de desempenho que pudessem ser aplicadas numa base descentralizada. Foram então estabelecidas medidas operacionais, funcionais e gestionárias – que não eram apenas diferentes das anteriores medidas orçamentais, mas também entre si.

Com a chegada de Jack Welch à posição de CEO, nos finais da década de 1970, a medição do desempenho mudou radicalmente, tendo sido adotado um critério extremo, simples e severo: as unidades que não se situassem em primeiro ou segundo lugar nas suas respectivas indústrias, em termos de lucros e crescimento, seriam vendidas ou abandonadas. Essa política foi seguida durante cerca de treze anos. Sucede que gerou efeitos perversos em termos de empenhamento e iniciativa dos colaboradores, pelo que foi então anunciada uma nova política, novos valores e novos critérios de desempenho congruentes com tais valores. Algumas alterações voltaram a ocorrer quando Jack Welch deu lugar a Jeffrey Immelt.

Lição 7

A aproximação da distância

A EFICÁCIA E A *PERFORMANCE* EM DUAS LINHAS DE PESQUISA. Já antes referimos que os conceitos de eficácia e de desempenho (*performance*) são considerados similares por diversos autores – mas que esse não é o argumento perfilhado por outros. Qualquer que seja a tese, é indubitável que os dois termos estão na origem de duas distintas linhas de pesquisa:

— A eficácia organizacional tem sido a expressão usada na literatura sobre teoria organizacional. Essa linha de investigação tem uma tradição conceitual bastante rica, mas tem sido menos ativa em termos de estudos empíricos.

— A *performance* organizacional é a expressão mais usada nas pesquisas sobre estratégia. Tem uma tradição bastante ativa em estudos empíricos, mas tem sido pouco crítica relativamente à fundamentação teórica.

Ou seja, os investigadores da eficácia organizacional debruçaram-se sobretudo sobre questões teóricas. Mas foram menos ricos em termos de estudos empíricos – em grande medida porque as reflexões teóricas os tornaram mais céticos acerca da validade científica da matéria. Distintamente, os investigadores de estratégia foram mais pragmáticos. Mais do que debruçarem-se sobre questões teóricas, empenharam-se em realizar investigações empíricas que explicassem os antecedentes e as consequências do desempenho organizacional.

A FUSÃO DAS DIFERENÇAS. Mais recentemente, diversos autores[1] têm argumentado que os dois campos têm todas as condições para se fundirem, devido à aproximação de ambas as linhas no que concerne aos critérios de medida. A lógica é esta:

— A literatura sobre eficácia organizacional cedo começou a questionar o modelo racional e a predominância das medidas econômico/financeiras. Assim surgiram, por exemplo, os modelos sistêmico, paradoxal, dos valores contrastantes e dos constituintes múltiplos. Têm também surgido movimentos advogando a consideração de critérios ambientais, sociais e éticos (vejam-se, por exemplo, os critérios de seleção usados pelos fundos éticos ou pelos índices de sustentabilidade[2]). Ou seja, há bastante tempo se reconhece a necessidade de encarar a eficácia a partir de diversas perspectivas, recorrendo a outros indicadores para além dos econômicos e dos financeiros, tomando em atenção diversos *stakeholders* e diversos horizontes temporais.

— A literatura sobre a *performance* das organizações, assim como os "práticos" da medição de desempenho e os especialistas de contabilidade de gestão, demoraram mais tempo a abandonar a predominância dos indicadores econômicos e financeiros. Todavia, mais recentemente, devido a diversas pressões (p. ex., mudança da natureza do trabalho; novas exigências da comunidade em relação às empresas), começaram a recorrer a medidas de desempenho econômico e financeiro, de desempenho operacional (p. ex., quota de mercado, introdução de novos produtos), de desempenho social (p. ex., satisfação dos fornecedores e dos clientes) e de satisfação dos diversos *stakeholders*.

---

[1] Por exemplo: Glunk e Wilderom (2004); Henri (2004).
[2] Veja capítulo 5 do livro de Rego et al. (2006).

Caixa 9. Críticas às tradicionais medidas financeiras[3]

No decurso da história, diversas medidas de desempenho foram usadas para avaliar o sucesso das organizações. O moderno sistema contabilístico data da Idade Média (em grande medida para evitar disputas comerciais e facilitar as transações), e desde então a avaliação do desempenho foi dominada por critérios financeiros. No início do século XX, a natureza das organizações alterou-se, tendo-se assistido ao aumento da separação entre a propriedade e a gestão. Consequentemente, diversas medidas de retorno do investimento foram desenvolvidas para que os proprietários pudessem monitorar o desempenho dos gestores (seus agentes). Nos anos 1980, começou a questionar-se a validade das medidas financeiras tradicionais – presumindo-se que não mais respondiam à necessidade de gerir organizações nos novos mercados. Entre as diversas críticas que têm sido apontadas às medidas financeiras, podem destacar-se as seguintes (veja, também, a lição seguinte):

— Encorajam as orientações de curto prazo, de tal modo que os gestores e a empresa se preocupam em cumprir o objetivo financeiro de curto prazo independentemente das consequências (p. ex., sobre o empenho organizacional dos colaboradores) a longo prazo.

— Encorajam a otimização local – mas que pode ser perversa para a organização no seu todo. Por

---

[3] Neely (1999); Kennerley e Neely (2003).

exemplo, fabricam *stock* para manter as pessoas e os equipamentos ocupados.

— Encorajam os gestores a minimizar as variações relativamente ao padrão de referência definido – mais do que a procurar a melhoria contínua.

— Denotam uma focalização interna, mais do que externa. Não proporcionam informação sobre o que os clientes desejam e o modo como os concorrentes atuam.

— São historicamente focalizadas – e não orientadas para o futuro. Por exemplo, a rentabilidade das vendas reflete o que ocorreu na última semana, mês ou ano – mas não faculta aos gestores indicações sobre o que poderá ocorrer na próxima semana, mês ou ano.

— Focalizam-se no que pode ser medido – não necessariamente naquilo que realmente importa.

— Inibem a inovação.

Lição 8

Eficiências Ineficazes

Consideramos que a fixação atual nos ganhos de eficiência impede as empresas de alcançarem diferenciação e inovação nos suas redes circundantes. As empresas necessitam de prestar atenção tanto à eficiência como à eficácia. Ademais, consideramos que apenas um crescimento lucrativo é sustentável. A implicação desta perspectiva é que a ação gestionária necessita de ser guiada pelas suas consequências na rede circundante, e não apenas pelos meios.
Mouzas (2006, p. 1125)

Tal como foi antes referido, a eficiência e a eficácia são conceitos distintos, e ambos são centrais para a avaliação e a medição do desempenho das organizações.[1] Todavia, há algumas razões para supor que muitas organizações se focalizam sobretudo nas medidas de eficiência, negligenciando as medidas de eficácia. Stefanos Mouzas, a propósito da necessidade de as empresas atuarem cada vez mais num contexto em que prevalecem as "redes de negócios", foi bastante peremptório:

Apesar da relevância óbvia da avaliação e da medição do desempenho, as empresas raramente avaliam todo o impacto das sua ação nos indicadores de desempenho basilares (...). Os gestores focalizam-se muitas vezes em indicadores de eficiência [p. ex., redução de custos] (...), embora estes indicadores não sejam medidas de eficácia nos mercados.[2]

---

[1] Mouzas (2006).
[2] Mouzas (2006, p. 1124).

O autor prossegue afirmando que muitas empresas se estão focando na sua eficiência operacional e negligenciando a eficácia nas suas redes de negócios. E cita o exemplo da DuPont,[3] que se empenhou na melhoria das margens operacionais e no aumento da eficiência. Fê-lo através de sistemas de produção enxuta (*lean manufacturing*), de um desenho de embalagens menos dispendioso e de uma contínua redução de desperdício e de energia. Todavia, esses ganhos de eficiência não foram suficientes – tendo sido necessário alterar o modo de planejar, desenvolver e implementar as ações, de modo a alcançar um crescimento sustentável nos ganhos:

> *A organização como um todo necessitou de repensar o processo de criação e de marketing de novos produtos e serviços, de inovar em todas as áreas possíveis, e de construir parcerias para conquistar o acesso a ativos específicos de outras empresas – e, assim, melhorar a sua eficácia.*[4]

Em certa medida, a abordagem de Mouzas corresponde ao modelo dos constituintes estratégicos antes referido – embora o argumento seja reforçado pela progressivamente maior dependência das empresas do entrosamento nas redes em que se inserem. O autor argumenta que uma empresa pode alcançar bons níveis de eficiência sem ser eficaz, e considera a eficácia como algo que implica a consideração dos efeitos da empresa sobre as organizações e entidades que constituem as suas redes circundantes (p. ex., fornecedores, clientes). Do seu ponto de vista, uma organização eficaz vela por si própria, mas também adota as atividades que os seus constituintes relevantes consideram aceitáveis. Isso impli-

---

[3] Holiday (2001).
[4] Mouzas (2001, p. 207).

ca manter atenção permanente às oportunidades e desafios que vão surgindo nas suas redes circundantes. Parafraseando McCann:

A busca da eficácia organizacional tem escalado para níveis de análise mais elevados. O desafio é o de otimizar a eficácia de um conjunto inteiro de organizações interdependentes, como é o caso das cadeias de fornecimento global.[5]

Apenas nesse quadro, a empresa pode beneficiar-se do desenvolvimento e da eficácia a longo prazo – isto é, do desenvolvimento sustentável. Caso contrário, ao enfatizar a eficiência (p. ex., reduzindo custos, adotando processos de *downsizing* e demissões, pressionando os seus fornecedores), a empresa pode negligenciar a criação e o desenvolvimento de novas fontes de valor dentro da sua rede de negócios circundante. Se, ao contrário, enfatizar a eficácia e descurar a eficiência, incorre no risco de se desenvolver de modo não lucrativo – colocando aliás em perigo a própria sobrevivência do negócio (veja Figura 2).

Em suma: a eficiência é necessária, mas não suficiente. Ademais, a empresa deve considerar que a eficácia não é um resultado – mas antes um processo contínuo de impacto sobre as redes circundantes. Esse impacto envolve a capacidade para aceder aos recursos idiossincráticos de outras empresas, assim como a diferenciação e a inovação. Daqui decorre que as empresas "realmente eficazes" são eficientes e sustentavelmente eficazes – o que lhes requer capacidades gestionárias de dois tipos:

1. A eficiência requer disciplina financeira, assim como o controle sobre as margens operacionais e os requisitos de capital.

---

[5] McCann (2004, p. 45).

2. A eficácia requer capacidades de desenvolvimento de uma estratégia própria para desenvolvimento sustentável.

Figura 2. Como a eficiência e a eficácia se cruzam na geração do desenvolvimento sustentável das empresas[6]

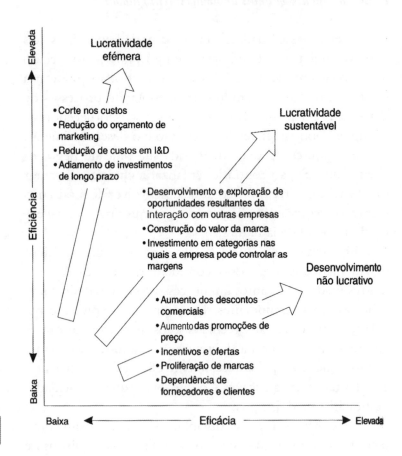

---

[6] Adaptada de Mouzas (2006).

Perante o exposto, compreende-se então que os indicadores de desempenho pelos quais muitas empresas e gestores se regem estão marcados por algum "pecado original": o da confusão entre eficiência e eficácia. É isso que ajuda a explicar as razões pelas quais algumas empresas com "excelentes resultados" num dado momento atravessam, pouco tempo depois, crises de sobrevivência acentuadas. Compreende-se também como a avaliação da eficácia dos gestores pode ser pautada por critérios efetivamente perversos para a longevidade e a sobrevivência das empresas em que operam. Embora avaliados positivamente por terem alcançado índices elevados em determinados indicadores de desempenho, seu impacto sobre o desenvolvimento sustentável da empresa pode ser efetivamente fraco.

Note-se como esse é outro domínio em que os critérios escolhidos para a avaliação podem resultar dos interesses de quem vai ser avaliado. Enunciando distintamente: os gestores ciosos de uma apurada "gestão de boas impressões" podem definir os critérios de avaliação que mais lhes convêm – ainda que o efeito global sobre a organização possa ser perverso, pelo menos a médio/longo prazo.

Caixa 10. Um caso de desenvolvimento insustentável? (mesmo quando é afirmado o contrário!)

A *Confectionary Brands* é uma empresa suíça do setor alimentar, proprietária de marcas reputadas. Em 1990, a multinacional Morgan adquiriu a empresa por 6,5 bilhões de francos suíços, tendo-a incorporado na sua divisão alimentar. Na competição por cota de mercado, e embora já com margens operacionais baixas, a Morgan manteve-se inflexível na sua política de marketing de vendas. Pretendendo crescer, procurou expandir suas marcas para todos os nichos possíveis. Por isso necessitou da colaboração de seus retalhistas – que recompensou com descontos de vendas e outras ofertas generosas. Daqui decorreram aumentos de volume de vendas – mas apenas temporárias, já que os concorrentes ripostavam. A consequência foi o aumento de custos e a diminuição das margens operacionais. Em 1999, a empresa enveredou por uma política de redução de custos, tendo optado por demissões, subcontratação de algumas atividades de fabrico e logística, cortes nas despesas de I&D e de marketing. Foi pois acentuada a lógica da eficiência.

Dado que os negócios do setor não cresciam, a Morgan adquiriu pequenas empresas e distribuiu uma grande parte das economias anteriores aos seus acionistas, tanto através do pagamento de dividendos como da compra de ações próprias. A gestão de topo foi substituída e as marcas de confeitaria foram integradas numa estrutura de gestão de marcas da divisão alimentar. Em 2002, a empresa estava presente em 151 países, empregava 49.000 empregados e tinha um volume de negócios de 30 bilhões de dólares. As concepções de eficácia variavam. Por exemplo, entre os gestores financeiros, eficácia significava retorno do investimento. Entre os gestores de marketing, o termo eficácia estava associado a cota de mercado. Para os gestores de vendas, representava volume de vendas. Os gestores também lidavam com os termos "eficiência" e "eficácia" segundo diferentes horizontes temporais. Encaravam a eficácia como um objetivo de longo prazo e a eficiência como um objetivo de curto prazo. Por exemplo, os gestores de vendas, responsáveis por um segmento de negócio, agiam numa lógica de longo prazo focalizada no crescimento do volume de vendas. Mas outros gestores encaravam a eficiência numa perspectiva de redução de custos de curto prazo – de modo a obter trimestralmente bons lucros e *cash flow*. Isso refletia-se na remuneração dos gestores de topo, que estava mais ligada ao alcance de boa rentabilidade dos ativos do que ao desenvolvimento lucrativo.

Em 2004, o novo CEO da divisão alimentar anunciava que embora o esforço de redução de custos fosse para manter, os resultados da empresa revelavam progressos sólidos na senda de um crescimento sustentável. Essa sustentabilidade resultava de relações privilegiadas com retalhistas, novos investimentos em marcas, introdução de inovações no produto e crescimento para mercados em desenvolvimento com elevadas margens operacionais. O crescimento dos negócios em mercados em desenvolvimento permitiu elevadas rentabilidades. Todavia, em Novembro de 2004, a Morgan anunciou a venda dos negócios de confeitaria e um conjunto de medidas que, alegadamente, contribuiriam para o crescimento sustentável.

Lição 9

Eficácias de Eficácia Duvidosa?

A focalização nas medidas de eficiência, em detrimento das medidas de eficácia associadas ao desenvolvimento sustentável e lucrativo das empresas, não é apenas fruto de eventuais concepções "enviesadas" dos gestores sobre o desempenho das empresas – é também o resultado do funcionamento dos mercados de capitais e das concepções que os observadores e analistas adotam. Os holofotes da comunicação social e as perspectivas dos analistas financeiros são por vezes implacáveis nas avaliações – focalizando-se nos resultados de curto prazo que as empresas vão divulgando, e negligenciando os seus fatores de desenvolvimento de longo prazo.

Nesse contexto, os gestores sentem a pressão constante para obterem bons resultados nos relatórios trimestrais e são frequentemente recompensados em função desses resultados – com isso descuidam das orientações estratégicas de longo prazo e procuram implementar constantemente mudanças. Denotam pouca paciência para atrasos e para resultados que demoram a chegar.[1]

Essa pressão explica, em grande medida, as razões pelas quais a Logoplaste – uma empresa portuguesa de grande reputação e competitividade em escala global – prefere manter-se fora de bolsa (veja Caixa 11). O caso é uma demonstração cabal de como determinadas medições de eficácia

---

[1] Beer (2003).

organizacional podem ser perversas para a própria eficácia. Esta aparente perversidade tem induzido alguns autores a manifestar preocupação com os ditames dos "inquisidores de resultados".[2]

Caixa 11. Para que uma empresa seja eficaz, é preferível não estar cotada em bolsa?!

Em 23 de setembro de 2006, o suplemento de *Economia* do semanário *Expresso* publicou uma entrevista de dois executivos da *Logoplaste*, Filipe de Botton e Alexandre Relvas. O jornalista Nicolau Santos perguntou-lhes "por que mantêm a *Logoplaste* fora de bolsa?" A resposta foi a seguinte:

"Filipe de Botton: As empresas cotadas são avaliadas trimestralmente por jovens com imenso valor, mas com uma visão muito analítica, muito de números e muito pouco focada na verdadeira estratégia de longo prazo da empresa. Há empresas para as quais estarem cotadas é indispensável, há outras que enquanto se puderem financiar de formas alternativas será de *postcipar* ao máximo a abertura de capital.

Alexandre Relvas: É uma questão de rapidez de decisão. O fato de não termos de consultar outros acionistas permite-nos tomar decisões em tempo útil de acordo com as necessidades da evolução dos mercados, que são benéficas para a empresa. A bolsa obriga a uma visão excessivamente imediatista das decisões."[3]

---

[2] Beer (2003).
[3] Santos (2006, p. 14).

A esse propósito, Beer foi bastante cáustico acerca dos efeitos perversos da "ditadura de Wall Street" sobre a gestão das empresas, sobre o horizonte temporal pelo qual se norteiam os gestores e, no final de contas, sobre a eficácia de longo prazo dessas empresas. A sua tese ajuda a compreender as razões pelas quais a Logoplaste optou por ficar fora de bolsa. Eis alguns extratos de seu texto:

— *O sucesso é agora definido e medido pela* [Wall] *Street. Os nômades da disciplina financeira determinam o que é bom e o que é fraco. Estabelecem os padrões. Mesmo quando uma empresa alcança as expectativas da Street, isso não é suficiente. Hoje, é necessário bater a Street.*[4]

— *Na sua ânsia em fazer julgamentos,* [os analistas] *e as companhias que eles avaliam não chegam a parar e a refletir sobre os efeitos de longo prazo desta disciplina financeira de curto prazo. Os executivos seniores percebem que a sua competência individual é julgada em função da sua capacidade para obter resultados instantâneos, não lhes sendo permitido o luxo de adotarem uma perspectiva de longo prazo tendo em vista obterem desempenho sustentado que beneficie a organização no seu todo.*[5]

— *Para satisfazer e ultrapassar os barômetros financeiros requeridos pelos grandes inquisidores dos resultados, muitas empresas globais estão sendo forçadas a abandonar os planos estratégicos de longo prazo que proporcionam o crescimento sustentado das suas empresas. São* (...) [impelidos para atuar no curto prazo] *de modo a impressionar* [os especialistas de Wall] *Street ou, pelo menos, a mostrar-lhes que prestam atenção a esses certificados.*[6]

---

[4] Beer (2003, p. 264).
[5] Beer (2003, p. 264-265).
[6] Beer (2003, p. 265).

— *Qualquer medida de corte nos custos é noticiada pelos peritos financeiros. Mas raramente os gestores são indagados sobre os efeitos de tais ações sobre a estratégia de longo prazo.*[7]

---

[7] Beer (2003, p. 267).

Lição 10

Da Cibernética para a Holística

Os problemas antes expostos por Beer têm sido alvo de atenção em vários quadrantes da vida econômica e empresarial – e também entre os acadêmicos. Uma abordagem interessante sobre os progressos verificados nos modelos tradicionais de medição do desempenho organizacional (associados, designadamente, à contabilidade de gestão) foi facultada por Henri, num trabalho em que sugeriu que a tradicional perspectiva cibernética deu lugar a uma recente perspectiva holística.[1]

A cibernética está associada aos mecanismos de comunicação e de controle. No plano da medição do desempenho organizacional, ela representa a tendência para usar as medidas como elementos do ciclo de planejamento e controle. Ou seja: definem-se padrões de desempenho para fazer planejamento e depois testar se os padrões são ou não alcançados. Na perspectiva cibernética, recorre-se à medição para monitorar a implementação da estratégia ("estamos seguindo no caminho definido?"). A preferência recai sobre medidas de natureza financeira. E do sistema não decorre a possibilidade de remeter no tempo adequado aos empregados os sinais que lhes permitam alterar comportamentos.

---

[1] Henri (2004).

Caixa 12. Pressões práticas que fomentaram a passagem da perspectiva cibernética para a holística[2]

— Mudanças nas condições de competição global (p. ex., entre as multinacionais, e entre estas e as empresas em geral).

— Progresso rápido nas tecnologias de produto e de processo (que permitem, por exemplo, abordagens de fabricação e resposta ao mercado mais dinâmicas).

— Poder das tecnologias da informação (que, por exemplo, facilitam a recolha e o tratamento dos dados, assim como a disseminação da informação).

— Diminuição dos ciclos de vida dos produtos (que requerem mais céleres indicadores de desempenho e mudanças de ação).

— Mudança da natureza do trabalho e dos papéis internos (p. ex., alteração do papel da gestão de recursos humanos; papel crescente do processamento de conhecimento; relevância do capital humano).

— Mudança nas exigências externas (p. ex., pressões para a assunção de responsabilidades sociais e ambientais pelas empresas; alteração nas políticas e nas ações das entidades reguladores).

— Novas práticas fabris (p. ex., gestão da qualidade total, *just-in-time*, sistemas de desenho e produção assistidos por computador, customização).

A perspectiva holística é de natureza distinta. Surgiu, em grande medida, como resposta a diversas pressões práticas (Caixa 12). Nela, a medição é usada como um processo

---

[2] Henri (2004).

independente que proporciona direção, sinalização e aprendizagem. Contribui para a implementação da estratégia, mas também para a sua formulação. Conciliam-se as orientações de curto e de longo prazo. Recorre-se a medidas financeiras e não-financeiras.

Quadro 6. Comparação entre as perspectivas Cibernética e holística de medição Do desempenho organizacional[3]

Elementos de comparação	Perspectiva cibernética	Perspectiva holística
Papel da medição	Medição como elemento do ciclo de planejamento e controle. A empresa define objetivos e planeia alcançar algo – para depois comparar os resultados reais com os planeados.	Medição como processo independente que proporciona direção, sinalização e aprendizagem.
Para que serve a medição	Serve para monitorizar a implementação da estratégia.	Contribui para a formulação e a implementação da estratégia – e para rever as estratégias ineficazes e promover a adoção de outras mais apropriadas.

---

[3] Construído e adaptado a partir de Henri (2004).

Elementos de comparação	Perspectiva cibernética	Perspectiva holística
Tipo de aprendizagem	De ciclo simples (quando um erro é detectado, é corrigido, mas não origina a alteração dos valores subjacentes ao sistema).	De ciclo duplo (envolve a modificação das premissas organizacionais, dos alvos e dos planos estratégicos). As discussões, os debates, os planos de ação, as ideias e os testes através da organização promovem a aprendizagem que encoraja a emergência gradual de novas estratégias e táticas.
Teor das medidas	Medidas financeiras (que podem conduzir à distorção dos custos de produção e à ausência de medidas de desempenho de longo prazo).	Medidas financeiras e não financeiras (p. ex., *Balanced Scorecard*).
Horizonte temporal	Curto prazo.	Curto e longo prazo.
Abordagem	Estática.	Dinâmica.

Elementos de comparação	Perspectiva cibernética	Perspectiva holística
Sinais aos empregados (estímulos enviados pelos gestores, através da organização, sobre valores e preferências nos quais os empregados devem focalizar a atenção e a energia)	Sem sinais atempados.	Faculta sinais atempados. Fomenta a aquisição, a distribuição, a interpretação e o armazenamento do conhecimento.
Impactes	Encoraja o conservadorismo ("jogar pelo seguro"). Promove a conformidade. Inibe a inovação e a criatividade (devido à "pressão" dos sistemas de controle formal).	Encoraja a tomada de risco. Promove a experimentação e a curiosidade, mediante a evolução contínua das aspirações das perspectivas e a ênfase na melhoria contínua.

Lição 11

O Consenso sobre a Falta de Consenso

> *Sou um firme crente na redução da medição do desempenho. Mais do que tentar encontrar medidas agregadas, sejam elas a satisfação do consumidor, a satisfação dos empregados, a produtividade e outros similares, que predizem os lucros e os rendimentos agregados da empresa, acredito que é preferível a focalização em medidas altamente desagregadas. Assim* [tal como proponho no meu livro *Rethinking Performance Measurement*], *eu focalizar-me-ia nas atividades nucleares da empresa, literalmente no que a empresa faz, no que custam essas atividades e nos rendimentos que elas proporcionam à empresa.* (...) *A demonstração de que os métodos reducionistas funcionam bem* (...) *provém do basebol profissional.*
> Meyer (2005, p. 290).

O CONSENSO DE QUE NÃO HÁ CONSENSO. A disparidade de concepções e medidas da eficácia organizacional revela que estamos em presença de um espaço onde o consenso é inexistente. Fazendo aliás uso de um aforismo de inspiração taoísta, pode afirmar-se que apenas uma zona de consenso existe: a de que não há consenso.

A avaliação e a gestão da eficácia e da eficiência não são, pois, tarefas fáceis. Portanto, pode ser difícil definir objetivos ou medidas. Por exemplo, medidas relevantes do ponto de vista operacional podem revelar-se contraproducentes do ponto de vista dos clientes. Deverá um restaurante medir seu resultado pelo número de refeições servidas? Se for este o critério, como se sentirá o cliente que gosta de jantar tranquilamente e sem se sentir pressionado, ao ser "convidado" para abandonar rapidamente a sala em nome da eficiência? Será o critério tão bom para o cliente como para o restaurante?

Dificuldade idêntica pode ser encontrada a propósito dos critérios da rentabilidade e da quota de mercado. Com frequência, o alcance de uma maior quota de mercado (p. ex., pela via da diminuição dos preços e/ou de mais custos com publicidade) pode resultar na quebra de rentabilidade nas vendas – tudo dependendo da elasticidade da procura. Quando se tomam em atenção os critérios de vários *stakeholders*, a dificuldade repete-se. Por exemplo, não é certo que a empresa pode enfrentar dificuldades em conciliar os objetivos/interesses dos acionistas, dos empregados, dos gestores e da comunidade? E que critérios são finalmente escolhidos e seguidos pela empresa quando alguns gestores preferem a sobrevivência da empresa, ao passo que outros se focalizam mais no curto prazo?

Apesar de toda essa complexidade do tópico, alguns aspectos podem ser considerados consensuais.[1] Pelo menos, algumas linhas gerais de compreensão podem ser traçadas:

UM OBJETIVO CRUCIAL. A eficácia é um objetivo final de todas as teorias da organização – e um desejo de todas as organizações. Apesar das críticas que referem a dificuldade de entender o que significa exatamente "eficácia", tanto os gestores como os investigadores consideram importante distinguir organizações e gestão de alta qualidade (eficazes) e de baixa qualidade (ineficazes).

DIFERENTES CONCEPÇÕES DE EFICÁCIA. Não há apenas uma representação da eficácia. As organizações podem ser vistas de formas muito distintas. Quando muda a forma como as olhamos, mudam os critérios de eficácia. Se a organização for entendida como um mercado transacional, os critérios

---

[1] Cameron (1986); Henri (2004); Scott (1992).

de eficácia serão uns (p. ex., quantidade de transações, custos de transação, ganhos por transação). Se for entendida como uma comunidade humana, os critérios serão outros (p. ex., medidas sociais, duração da relação de emprego). A lógica dos acionistas (que apresenta que a organização serve para criar o maior valor para os acionistas) produz critérios muito diversos dos da lógica das partes interessadas (segundo a qual, a organização deve corresponder de forma tão satisfatória quanto possível aos interesses de um conjunto alargado de partes interessadas, como os clientes, o Estado, a comunidade envolvente ou o ambiente natural).

Caixa 13. O elefante é uma árvore, um muro ou mesmo um leque?

1. "A eficácia organizacional é uma abstração hipotética existente na mente das pessoas, conferindo significado às ideias ou interpretações acerca da eficácia organizacional, mas não tem qualquer realidade objetiva".[2]

2. Alguém colocou seis cegos perante um elefante, e disse-lhes: "Há um objeto na sua frente. Toquem nele e depois digam o que é". Até então, nenhum dos seis homens tinha visto um elefante. O primeiro aproximou-se, tocou numa parte do animal e disse: "Parece um muro". O segundo tocou noutra parte e disse: "É uma lança". "Disparate!", exclamou outro dos cegos. "Acho eu que é mais parecido com uma cobra." "Bem", disse o quarto homem, ao apalpar o animal, "Parece uma árvore". Os outros riram-se dele,

---

[2] Cameron e Whetton (1983), in Walton e Dawson (2001, p. 173)

e o quinto homem deu a sua opinião. Pegando numa outra parte, disse: "Com certeza é um leque". Finalmente, o sexto cego tocou no animal e disse: "Parece-me a mim que é uma corda".[3]

A parábola, bem conhecida, foi usada por Herman e Renz para sugerir que a eficácia organizacional é "uma coisa real" que pode ser percebida de diferentes maneiras. No entanto, do seu ponto de vista, há ainda uma perspectiva de construtivismo social pertinente: "(...) não há qualquer elefante. O que sucede é que diferentes pessoas olham para diferentes coisas, e o que 'veem' é determinado por um processo social".[4]

Na perspectiva do construcionismo social, a eficácia das organizações sem fins lucrativos não pode ser considerada uma propriedade rural de uma organização. É antes o julgamento de vários *stakeholders*. No entanto, os processos sociais que resultam em julgamentos da eficácia das organizações sem fins lucrativos pode induzir vários constituintes a desenvolver os mesmos critérios e a avaliar a informação relevante para esses critérios do mesmo modo.

DIVERSIDADE DE CRITÉRIOS DE EFICÁCIA. Há uma enorme diversidade de critérios de eficácia, sendo frequente encontrar relações negativas entre elas (p. ex., entre a quota de mercado e a rentabilidade das vendas). Daqui decorre que, quando se usam diferentes critérios, alcançam-se conclusões

---

[3] http://www.contosepontos.pt/story3.html (acesso em 29 de Novembro de 2006).

[4] Herman e Renz (1998, p. 26).

diferentes e/ou antagônicas. Mais especificamente, uma empresa pode ser eficaz à luz de determinados critérios, mas ineficaz de acordo com outros critérios.

MUDAM-SE OS TEMPOS, MUDAM-SE OS CRITÉRIOS. Há uma clara evidência de que as medidas de eficácia vão mudando ao longo do tempo – por razões diversas. Por exemplo, as pressões institucionais (p. ex., pressões ambientais; ação de entidades reguladores) vão-se alterando, de tal modo que as organizações se sentem compelidas a aderir às mesmas, sob pena de perderem legitimidade – e assim perderem clientes e o acesso a recursos importantes (reputação, subvenções do Estado, compra de serviços por outras entidades incluindo o Estado). Note-se, porém, que muitas mudanças ocorrem simplesmente porque as medidas anteriores perdem capacidade de distinguir as empresas mais e menos eficazes. A consequência é a procura de novas medidas diferenciadoras.

A EXCELÊNCIA PODE NÃO SER EFICÁCIA? Uma possível colisão entre diferentes critérios de eficácia pode ser exemplificada no campo dos prêmios de excelência. É relativamente frequente verificar que as empresas vencedoras desses prêmios denotam fraco desempenho financeiro, pelo menos a curto prazo. A esse propósito, Garvin fez notar:

> *O Prêmio Baldrige e os resultados financeiros de curto prazo são como a água e o azeite: não se misturam e nunca se esperaria que se misturassem (...) Não há quaisquer garantias de lucro associadas a uma elevada cotação [no Prêmio]. Alguns analistas de Wall Street levam estes argumentos um pouco mais longe: diminuem a carteira dos vencedores do Baldrige porque antecipam um fraco desempenho financeiro.*[5]

---

[5] Garvin (1991, p. 82-83).

CONSENSO IMPOSSÍVEL. O consenso sobre os melhores critérios (ou os critérios suficientes) de eficácia é impossível. Os "melhores" critérios não existem de forma objetiva, podendo mesmo provir dos (des)equilíbrios de poder e da negociação política que se desenrola entre os atores organizacionais.[6] Podem, por exemplo, resultar da "tentação" de alguns gestores de escolherem critérios de avaliação da eficácia que possam ser-lhes úteis para efeitos da compensação baseada no desempenho. Ou seja, os critérios variam consoante as preferências e os valores dos atores, que podem aliás ser contraditórios com as preferências de outros atores. O acionista de uma empresa valoriza critérios que não são necessariamente da preferência dos colaboradores da mesma.

Além disso, os critérios variam ao longo do tempo. O mesmo diretor-geral pode valorizar especialmente o crescimento da quota de mercado num determinado momento, para num período subsequente preferir manter apenas os clientes mais rentáveis. Por outro lado, os indivíduos podem ter preferências eventualmente contraditórias, como um aumento da qualidade do serviço e uma redução de custos. Por todas essas razões, a identificação dos "melhores" critérios constitui uma impossibilidade.

Caixa 14. Acadêmicos *versus* gestores

A literatura e a nossa experiência sugerem que os acadêmicos e os gestores denotam algumas diferenças quanto aos critérios preferidos. Por exemplo, os gestores tendem a ser mais focalizados em critérios econômico/financeiros e a negligenciar

---

[6] Scott (1992).

critérios mais representativos de temas societais, como o muliticulturalismo, a integração de minorias, a ética nos negócios e os aspectos ambientais e ecológicos. Com alguma soberba acadêmica, poderia alegar-se que essa postura reflete algum empobrecimento da análise. Mas a verdade é que também a comunidade acadêmica tem muitos "telhados de vidro":

— Há numerosas e enormes divergências entre os investigadores sobre o que é a eficácia e o melhor modo de medi-la.

— Frequentemente, os indicadores de eficácia selecionados pelos investigadores são demasiadamente estreitos ou amplos – ou, então, não se relacionam necessariamente com o desempenho organizacional. Por exemplo, alguns investigadores usam a harmonia social, a eficácia do grupo, a satisfação pessoal, o absentismo e a justiça social como critérios ou indicadores de eficácia – mas seria mais apropriado tomá--los como potenciais preditores ou determinantes da eficácia.

— Os investigadores nem sempre distinguem claramente resultados e efeitos. Por exemplo, uma empresa tabaqueira pode gerar elevada produtividade e lucro – mas gerar efeitos perversos sobre a saúde e suscitar reações negativas da comunidade. O uso de um ou de outro critério gera resultados "científicos" porventura antagônicos.

— Frequentemente, os investigadores recorrem a determinados critérios de eficácia por simples razões de conveniência – por comodidade ou, simplesmente, porque são esses os critérios para os quais têm acesso a informação.

VALIDADE EM FUNÇÃO DAS CIRCUNSTÂNCIAS. A validade de um modelo de eficácia depende das circunstâncias. Considerando os aspectos já mencionados, não é possível descortinar um modelo de eficácia que seja o melhor em todas as circunstâncias. Diferentes modelos serão adequados em diferentes circunstâncias, em diferentes contextos, em diferentes setores, em diferentes momentos, em diferentes fases do ciclo de vida das organizações.

OS RISCOS DA MEDIDA ÚNICA. Os regimes dominados por uma só medida, seja ela determinada pelo mercado ou pela política, podem conduzir à degradação da organização a longo prazo. Em certa medida isso sucede porque a empresa pode não responder aos interesses de diversos *stakeholders*, e/ou porque os gestores ficam com menos espaço de manobra para responderem à mudança.

A VANTAGEM DE RECORRER A DIFERENTES CRITÉRIOS E INDICADORES. Uma das vias mais adequadas para lidar com a medição da eficácia consiste em recorrer a vários critérios e indicadores. Estes devem ser escolhidos de acordo com as circunstâncias e devem mudar à medida que estas se alteram. Por exemplo, para obter legitimidade institucional,[7] a organização pode ver-se compelida a recorrer a critérios usados pelos concorrentes ou requeridos por instituições reguladoras. Embora possa já ser eficaz à luz de um dado critério (p. ex., lucros), a organização incorre no risco de afetar a sua continuidade se, entretanto, não aderir a esse outro critério institucionalmente estimulado. Acresce que mesmo os modelos multi-indicadores mais populares, como o *Balanced Scorecard*, denotam limitações indubitáveis (veja Caixa 15).

---

[7] Meyer e Rowan (1977).

Caixa 15. Algumas potenciais
dificuldades do *Balanced Scorecard*

O *Balanced Scorecard* (BSC) consiste num conjunto de medidas quantificáveis, cuidadosamente selecionadas, e que derivam da estratégia organizacional. É uma ferramenta simples que complementa as medidas financeiras tradicionais com medidas não financeiras em três domínios: (1) clientes, (2) processos internos e (3) aprendizagem e inovação. Sucintamente, pode afirmar-se que o BSC "traduz a missão da organização num conjunto abrangente de medidas de desempenho que proporcionam o quadro para um sistema de gestão e de medição estratégica".[8] Em grande medida, é uma ferramenta para comunicar aos empregados e agentes externos os resultados e os indicadores de desempenho pelos quais a organização concretiza sua missão e os objetivos estratégicos. Nesse sentido, ele representa um sistema (a) de medição, (b) de gestão estratégica e (c) de comunicação que estabelece um quadro orientador da ação.[9]

Embora pese o fato de Kaplan e Norton terem sugerido o BSC como uma ferramenta para comunicar a estratégia, muitas empresas acabaram por adotá-lo com o propósito de medirem, avaliarem e compensarem o desempenho dos seus gestores. Todavia, do ponto de vista operacional, o uso do BSC com estas finalidades é bastante difícil. Designadamente, é difícil encontrar as medidas específicas apropriadas. É também difícil combinar medidas financeiras e não financeiras para construir

---

[8] Kaplan e Norton (1992, p. 2).
[9] Kaplan e Norton (1992, 1996).

uma medida global de desempenho que permita compensar o desempenho. Alguns estudos sugerem, aliás, que os gestores "jogam" com as medidas do BSC para prosseguir interesses particulares. Sugerem, também, que as medidas não financeiras podem ser descuradas em detrimento das financeiras, quando se trata de atribuir bônus. E que medidas subjetivas (p. ex., satisfação do consumidor) relacionadas com resultados financeiros podem ser negligenciadas na atribuição dos bônus.[10] Outras potenciais limitações do BSC são as seguintes:[11] (a) ausência de uma estrutura explicativa da relação meios-fins; (b) deficiente clareza das relações entre as quatro dimensões; (c) dificuldade de clarificar os contributos requeridos dos empregados, dos fornecedores e da comunidade.

Sete questões essenciais. Para se avaliarem os modelos de eficácia e se compreenderem as especificidades dos critérios usados pelas organizações e pelos investigadores, importa atender a sete questões críticas:

1. A eficácia está sendo medida na perspectiva de quem?

2. Em que domínio de atividade está centrada a avaliação?

3. Qual o nível de análise (p. ex., individual, grupal, organizacional) que está sendo considerado?

4. Qual o propósito da avaliação da eficácia?

5. Qual o horizonte temporal considerado?

6. Que tipo de dados estão sendo utilizados?

7. Qual o referente perante o qual é avaliada a eficácia?

A resposta a essas questões revela-se crucial. Por exemplo, intervenções apenas produzidas ao nível micro poderão não

---

[10] Meyer (2005).
[11] Henri (2004).

ter impactos macro-organizacionais – ou suscitar mesmo efeitos perversos. Ilustrativamente, é o que pode suceder quando a formação/desenvolvimento em liderança induz os gestores a alterarem seus comportamentos, mas sentem-se depois frustrados porque os sistemas de recompensa anteriores persistem e não reconhecem nem premiam essas mudanças de comportamento – e/ou não lhes permitem atuar de modo distinto quando se trata de recompensar os seus colaboradores.

Outro exemplo é o da avaliação da eficácia centrada nos custos com o pessoal. Quando é esse o caso, o resultado previsível será um processo de *downsizing* para reduzir os custos – com todos os potenciais efeitos perversos daí advenientes para a motivação dos colaboradores, o clima organizacional e o desempenho (veja o que antes foi referido, a propósito da aprendizagem perversa[12]).

Em suma, a tentativa de gerir (e medir) a eficácia de uma forma objetiva e rigorosa tem esbarrado num conjunto de dificuldades, ambiguidades e contradições. A simplificação e a linearização do processo são realizadas à custa da perda de parte da complexidade inerente ao conceito e ao processo que o concretiza.

Caixa 16. *Total Performance Scorecard* – Conciliando desempenho organizacional com a ética dos gestores

Total Performance Scorecard (TPS) é a designação usada por Rampersad[13] para se referir à necessidade de integrar a eficácia organizacional com a integridade pessoal, de modo que ambas se reforcem mutuamente. O autor define o TPS como "o processo sistemático que envolve as melhorias contínuas, graduais e ro-

---

[12] Veja também o texto de Rego e Cunha (2005).
[13] Rampersad (2005).

tineiras, o desenvolvimento e a aprendizagem, e que se focaliza no crescimento sustentável do desempenho pessoal e organizacional".[14] Ou seja:

$$TPS = Processo\ contínuo \times$$
$$\times\ [melhoria \times desenvolvimento \times aprendizagem]$$

O autor integra contributos do *Balanced Scorecard*, da aprendizagem organizacional, da gestão do conhecimento, da gestão pela qualidade total e da mudança organizacional. Especialmente interessante para os propósitos deste livro é a referência à missão e à ambição brilhante da gigante e famigerada Enron – que soçobrou devido ao comportamento antiético da gestão. Veja-se como o autor descreve a ambição da Enron:

"Quem somos e por que existimos?
Oferecemos um amplo leque de soluções físicas, financeiras, técnicas e de transporte a milhares de consumidores em todo o mundo. O nosso negócio é criar valor e oportunidades para seu negócio. Fazemos isso combinando nossos recursos financeiros, o acesso a mercadorias físicas e o conhecimento para criar soluções inovadoras aos exigentes problemas das empresas. Somos mais conhecidos pelo nosso gás natural e pela eletricidade, mas hoje também oferecemos energia a retalho e produtos de banda larga. Estes produtos dão aos consumidores a flexibilidade de que necessitam para competir nos dias de hoje.

---

[14] Rampersad (2005, p. 21).

Em que acreditamos?

Começamos pela crença fundamental na inerente sabedoria dos mercados abertos. Estamos convictos de que a escolha do consumidor e a concorrência conduzem a mais baixos preços e à inovação. A Enron é um laboratório para a inovação. É por isso que empregamos os melhores e mais brilhantes colaboradores. E acreditamos que todo o empregado pode fazer a diferença. Encorajamos as pessoas a fazerem a diferença criando um ambiente em que a todos é permitido que realizem seu potencial e em que todos se beneficiam dos resultados obtidos. Pensamos que esta abordagem empreendedora estimula a criatividade. Nosso sucesso é medido pelo sucesso de nossos clientes. Em conjunto, estamos criando uma empresa de energia líder no mundo. Conjuntamente, estamos desenhando a empresa de energia do futuro.

Os nossos valores nucleares

— *Integridade.* Trabalhamos com nossos clientes atuais e potenciais de modo aberto, honesto e sincero. Quando dizemos que faremos algo, fá-lo-emos. Se dizemos que não podemos ou não queremos fazer algo, não o faremos.

— *Respeito.* Tratamos os outros como gostaríamos que nos tratassem a nós. Não toleramos o tratamento abusivo ou desrespeitador. A rudeza, a insensibilidade e a arrogância não existem aqui.

— *Excelência.* Apenas nos satisfazemos quando fazemos o melhor em tudo o que levamos a cabo. Continuaremos a elevar a fasquia para todos. Aqui, a grande alegria será que todos descubram como podemos ser realmente melhores.

— *Comunicação.* Temos a obrigação de comunicar. Aqui, procuramos falar uns com os outros e escutar. Acreditamos que a informação se move e move as pessoas."

Lição 12

O *Tao* da Eficácia

> *No meu princípio está o meu fim. Sucessivamente casas elevam-se e caem, desmoronam-se, são alargadas, são removidas, destruídas, restauradas, ou em seu lugar está um campo aberto, ou uma fábrica, ou um desvio. Velha pedra para novo edifício, velha madeira para novos fogos.*
> East Coker, T. S. Eliot (1983)

O taoísmo

O que anteriormente expusemos revela a existência de um campo repleto de divergências teóricas, de controvérsias entre os teóricos das organizações e de discordâncias entre os agentes que medem a eficácia organizacional. Essa constatação pode gerar algum descontentamento e até desconfiança. Afinal, quando se indaga alguém sobre "o que é uma organização eficaz?", a resposta tende a ser peremptória. Quase todos temos uma ideia "clara" sobre a matéria – mas as nossas ideias "claras" são também claramente distintas das ideias "claras" de muitas outras pessoas.

O que seguidamente discutimos pretende complementar esta análise. Nossa tese é a de que, embora a noção de eficácia evoque habitualmente um conjunto de associações positivas, ela pode ser fonte de... ineficácia. E, simetricamente, a ineficácia pode ser a "mãe" da eficácia. Dessa relação tensa, paradoxal e dialética entre eficácia e ineficácia, ecoam ressonâncias *taoístas*. Se, como afirmava

Lao-Tse (o suposto fundador do *taoísmo*), o retorno é o caminho do *Tao*, então a eficácia é a fonte da ineficácia e vice-versa.[1]

Caixa 17. Tao *Ou* Tau?

As diferenças entre a escrita chinesa e a ocidental são notórias. Por conseguinte, não são surpreendentes as diferenças entre as várias traduções das mesmas palavras. Em diferentes fontes, encontram-se opções como Lao Tse ou Lao Tzu, e Tauismo ou Taoísmo.[2] A escolha destas opções não exclui, no entanto, a existência de outras alternativas.

Essa menção pode parecer secundária para o tema deste livro. E o é. Mas serve de estímulo para chamar a atenção para as idiossincrasias chinesas e os potenciais efeitos daí advenientes para a economia mundial e as empresas do planeta. Sendo um país colossal (em termos populacionais, equivale a 130 países como Portugal) e em franco crescimento, é provável que sua forte presença na economia do planeta o transforme na maior superpotência deste século. A "ameaça chinesa" já foi apresentada na imprensa como uma "obsessão americana".[3] Uma das questões que então se ergue é a de saber se as concepções chinesas sobre a eficácia das empresas interferirão nas concepções vigentes em todo o planeta.

---

[1] Uma introdução ao taoísmo pode ser encontrada, por exemplo, em Oldstone-Moore (2005).

[2] Consultamos a tradução do Tao Te King publicada pela Editorial Estampa, o Livro de Estilo do Público e o Dicionário Enciclopédico Koogan Larouse Selecções (Lisboa, 1981).

[3] Kristof (2005).

A questão é pertinente porque a gestão chinesa é idiossincrática.[4] Mas também porque a cultura chinesa contém doses consideráveis de dialética. Em vez de uma lógica dualista nas quais a realidade é clara ou escura, o pensamento asiático parece mais sensível à tensão dialética entre opostos que se complementam em vez de se excluírem mutuamente.[5]

A lógica dialética chinesa é distinta da lógica ocidental, aceitando o paradoxo e a contradição como naturais – e como veículos que permitem a mudança positiva e o crescimento. A contradição é interpretada como a tensão interna que existe entre entidades opostas e que motiva a mudança. Três grandes princípios organizam esta lógica:

O primeiro é, precisamente, o da mudança provocada pela tensão interna, e não por forças externas. É a contradição entre as forças internas que provoca a mudança. Sua ausência resulta em falta de movimento. São essas mudanças internas que influenciam as forças externas, não o contrário.

O segundo sugere que a mudança é desenvolvimental: a resolução de contradições (forças internas) gera novas contradições ou paradoxos, cuja resolução produz novas contradições, e assim sucessivamente. As novas contradições representam mudanças positivas – não obstáculos.

O terceiro descreve dois tipos de mudanças: evolucionárias e revolucionárias. Uma grande quan-

---

[4] Veja o livro de Rego e Cunha (2007) sobre gestão transcultural de recursos humanos.

[5] Para uma exploração desta lógica, veja Capra (1975). Para uma discussão no âmbito organizacional, veja Clegg, Cunha e Cunha (2002).

> tidade de mudanças evolucionárias provoca mudanças revolucionárias em qualidade. "Mais especificamente, o somatório de mudanças incrementais/evolucionárias sucessivas proporciona a plataforma para que mudanças revolucionárias ou radicais ocorram."[6]

O *taoísmo*, com origem na China antiga, é um sistema de pensamento baseado na ideia de que cada fenômeno gera seu oposto. Foi alegadamente iniciado por Lao-Tse (tradução de "Velho Mestre"), cujo verdadeiro nome era Li-poh-Yang, nascido em 640 a.C. Os princípios do *taoísmo* encontram-se inscritos no *Tao Te King*, um pequeno livro de enorme beleza poética e pleno de paradoxos, e que, logo a seguir à Bíblia, é o clássico mais traduzido do mundo.[7]

De uma forma simples, pode afirmar-se que o livro explica uma força de desenvolvimento denominada *Tao*, que opera através do universo. O *Tao*, no seu sentido cósmico original, é a realidade última e indefinível. Trata-se do processo cósmico que envolve todas as coisas, visão de um mundo em fluxo e mudança constante. O livro descreve, também, o poder pessoal que resulta de se estar em sintonia com o *Tao*, que é conhecido por *Te*. A palavra *Ching* ou *King* significa "clássico".[8]

Sabe-se hoje que o *Tao Te King* é, na verdade, uma obra posterior à vida do Velho Mestre, talvez do século III, sendo difícil estabelecer a relação entre as ideias de Lao-Tse e o conteúdo do livro. Em qualquer caso, importa sublinhar o que o livro sugere:

---

[6] Palich et al. (2002, p. 785).
[7] Wing (1986).
[8] Wing (1986, p. XII).

— O conhecimento dos modelos da natureza pode trazer discernimento para a compreensão dos modelos paralelos no comportamento humano: "tal como a Primavera se segue ao Inverno, na natureza, o crescimento segue-se à repressão, na sociedade; tal como demasiada gravidade fará desmoronar uma estrela, demasiada possessividade desmoronará uma ideia".[9]

— Observando as leis da natureza, pode compreender-se que uma força excessiva numa determinada direção tende a despoletar o crescimento da força oposta, pelo que o uso da força não pode ser a base para estabelecer uma forte e duradoura fundação social.

— O campo unificado de forças denominado *Tao* não pode ser expresso de forma lógica e analítica – mas paradoxal. As oitenta e uma passagens do pequeno livro estão repletas de frases contraditórias (p. ex., "Tira vantagem do que lá está, fazendo uso do que não está"). Nele se usa o paradoxo para explicar os modelos e os ciclos da vida, a paridade e a complementaridade – que, alegadamente, se superimpõem na realidade pelas forças físicas do universo. O mais notável desses modelos é o da polaridade.[10]

A polaridade do *Yin e do Yang*

O sistema de pensamento *taoísta* ajuda a compreender que aqueles que por vezes são tomados como fenômenos contrários são, de fato, parte de uma unicidade: vida e morte, frio e calor, figura e fundo, positivo e negativo. Não é possível conceber o Bem na ausência do Mal. O frio revela-se pela existência do calor. A noite é o culminar do dia.

---

[9] Wing (1986, p. XV).
[10] Wing (1986).

Caixa 18. Heráclito de Éfeso

A noção de fluxo e mudança como a essência das coisas encontra-se também presente na cosmologia do filósofo Heráclito de Éfeso, que afirmava que tudo passa e nada permanece. Entre seus adágios mais conhecidos encontram-se os seguintes:

O caminho a subir e a descer é um e o mesmo a harmonia oculta é melhor do que a manifesta.[11]

É dessa tensão entre opostos que decorre o curso da natureza, o *Tao*. O termo *Tao* sugere que o fluxo da natureza é um processo contínuo moldado pela interação constante entre *Yin e Yang*. *Yin* e *Yang* representam, respectivamente, os lados sombrio e iluminado de uma colina e simbolizam o modo como as energias opostas, mas complementares, interagem. A interação entre *Yin* e *Yang* revela também como a acumulação de uma das energias reverte, um dia, o movimento do *Tao*: o retorno é o movimento do *Tao*. Nesse sentido, tudo o que vive está num processo de se tornar algo diferente.

Yin e *Yang*, os opostos primordiais, estão na base de toda a mudança. Seu caráter dinâmico é ilustrado no antigo símbolo chinês *T'ai-chi T'u* ou Diagrama do Fundamento Supremo (veja Figura 3[12]). O diagrama proporciona uma representação da forma como o lado escuro, o *Yin*, se relaciona com o lado claro, o *Yang*. Entre *Yin* e *Yang* estamos em presença de uma simetria, mas dois elementos devem ser considerados:

---

[11] In Kenny (1998, p.25).
[12] Veja, também: Capra (1975, p. 113-114); Morgan (1986, p. 255-257).

Figura 3. T'ai-chi T'u ou Diagrama do Fundamento Supremo

Em primeiro lugar, trata-se de uma simetria dinâmica, rotacional. O movimento de rotação sugere a existência de um movimento cíclico contínuo: o *Yin* e o *Yang* sucedem-se.

Em segundo lugar, os pontos de sinal contrário presentes em cada uma das forças simbolizam o fato de cada uma delas conter o seu oposto. Ou seja, em cada uma está a semente do seu contrário. Quando uma força atinge seu extremo, dá lugar à outra. Depois de atingir o meio-dia, a luz começa a dar origem à escuridão.

Implicações para as organizações

As implicações de uma lógica *taoísta* para a compreensão das organizações são claras e profundas. Na sua simplicidade paradoxal, o sistema *taoísta* desafia algumas das ideias estabelecidas e projeta nova luz sobre o funcionamento das organizações. Eis algumas das possibilidades de uma leitura *taoísta* da organização:

— Os opostos não são estados irreconciliáveis. Antes são partes complementares de uma mesma unidade. Por exemplo, de acordo com o *stakeholder A*, uma organização pode ser eficaz à luz de um dado critério, e ineficaz à luz de outro. Todavia, na perspectiva do *stakeholder B*, a interpretação pode ser a oposta. Sucede que esta paradoxalidade não é necessariamente perversa. Aliás, tal como Meyer e Gupta aduziram, a eficácia organizacional "é inerentemente paradoxal. Para ser eficaz, uma organização deve possuir atributos que sejam simultaneamente contraditórios, mesmo mutuamente exclusivos (...). As organizações altamente eficazes são as que satisfazem as expectativas dos seus diversos constituintes, mesmo que essas expectativas sejam contraditórias".[13]

— As organizações são estados instáveis, mais do que realidades estáveis. Por outras palavras, as organizações são processos cujos contornos, conteúdos e resultados se alteram com o decurso do tempo e com as circunstâncias.

— A mudança (e não a resistência à mudança) é a norma da vida organizacional.[14] Mas ambas coexistem, e cada uma necessita da outra. E mesmo as resistências não bloqueiam as mudanças – antes originam outras mudanças, por exemplo conducentes a uma progressiva ossificação do sistema organizacional.

— Não é possível conhecer um processo sem conhecer o outro processo que se lhe opõe.

— Cada processo contém as sementes da sua própria destruição.

---

[13] Meyer e Gupta (1994, p. 550).
[14] Chia (1999).

— A glória é o prenúncio da decadência. E a crise pode ser o gérmen da futura glória.

— Uma organização "obcecada" com (determinados critérios de) eficácia pode permitir o desenvolvimento das forças que fazem gerar a ineficácia. E a organização que encontra oportunidades na ineficácia pode descobrir caminhos para a eficácia.

A esse propósito, cabe sublinhar os comentários redigidos por Wing à passagem nº 9 do livro de Lao-Tse.[15] Numa alusão a matérias bastante próximas das que emergem na liderança e nas organizações, o autor/tradutor afirmou que, depois de desenvolver situações e alcançar sucesso, os sábios[16] não tardam em experimentar "o inevitável ciclo do declínio":

Sabem que, se pararem para se identificar com suas concretizações, seu crescimento interior terminará e a sua queda começará. Nada é estático na natureza. Tudo o que atinge a sua plena maturidade – sejam plantas e animais ou planetas e estrelas – tem necessariamente de entrar em declínio. Por isso, os sábios nunca param de crescer e nunca acumulam fardos sociais ou materiais que abrandem seu progresso. Quando seu trabalho está feito, passam para a tarefa seguinte. Deste modo, desenvolvem grandeza e poder.

O texto de Lao-Tse a que Wing se refere (e que intitulou "Transcender o declínio") é paradigmático para os propósitos do presente livro, parecendo apelar aos gestores

---

[15] Wing (1986).

[16] O autor/tradutor usa a expressão "indivíduos desenvolvidos", e não sábios – embora tenha reconhecido esta tradução como uma possibilidade aceitável. Pareceu-nos que, para os leitores deste livro, o termo "sábio" seria mais ajustado.

e às organizações para que se mantenham atentos e cientes de que a abundância e o sucesso podem ser inimigos do sucesso de amanhã. O texto está inscrito na seção inicial deste livro, "A complexidade da simplicidade". Acrescente-se aqui um extrato da passagem 42, que Wing intitulou "Conhecer a polaridade", e no qual Lao-Tse escreveu:

Assim, na Lei Natural,
Alguns perdem e deste modo lucram
Alguns ganham e deste modo perdem.

Lição 13

Os Paradoxos
na voz do Mestre

Para melhor compreendermos a essência do *taoísmo*, apresentamos nesta seção breves transcrições do *Tao Te King* – para além das que já transcrevemos. Antes, duas notas preliminares se impõem:

1. A escrita poética do livro expressa-se num conjunto de paradoxos que não devem ser interpretados de forma literal. Por exemplo, a ideia de praticar o não agir não significa "nada fazer" ou "nada dizer". Significa, antes, que as coisas devem seguir seu curso natural, que se deve satisfazer a Natureza (um conselho porventura fantástico para um tempo em que o estresse e a corrida contra o tempo predominam!). Embora a ciência ocidental tenha tradicionalmente adotado um paradigma mecanicista, o movimento no sentido de um novo paradigma ecológico permite interessantes ligações com as filosofias orientais.[1]

2. Existem diferenças notórias nos modos de pensar ocidental e oriental. Por momentos, a sua aparição na escrita de Lao Tse é fulgurante. A ideia de que "conhecer é não conhecer" expressa a diferença entre conhecimento tácito, experiencial, e conhecimento explícito e formal. Este último tem sido mais valorizado no ocidente, em detrimento daquele.[2]

---

[1] Uma análise do paradigma ecológico pode ser encontrada em Capra (1996).
[2] Veja Chia (2003).

Caixa 19. Comunhão com a Natureza

O conhecimento intuitivo, o reconhecimento das contradições e paradoxos da vida, e a harmonia com a Natureza – todos podem também ser encontrados nas artes orientais. A poesia do autor japonês Matsuo Bashô (n. 1644) oferece um bom exemplo. Os seus *haiku*, poemas breves de três versos, apresentam as características da estética zen: simplicidade, naturalidade, profundidade. Jorge Sousa Braga, seu tradutor para a língua portuguesa, caracterizou os *haiku* de Bashô como a arte de escrever não escrevendo. Eis dois exemplos:

> *Uma rã mergulha*
> *No velho tanque...*
> *O ruído da água*

> *Não esqueças nunca*
> *o gosto solitário*
> *do orvalho*

Estes e outros poemas podem ser encontrados em *O gosto solitário do orvalho, seguido de O caminho estreito* (Assírio & Alvim, 2003).

Pratica o não agir
Executa o não fazer.

Conhecer é não conhecer
Eis a excelência.

A felicidade repousa sobre a infelicidade
A infelicidade esconde-se na felicidade.

Quem julga que tudo é fácil encontra
Forçosamente muitas dificuldades.

As palavras da verdade parecem paradoxais.

Os meus preceitos são muito fáceis de compreender
E muito fáceis de praticar
Mas ninguém consegue compreendê-los
Nem praticá-los.

O duro e o rígido conduzem à morte
O fraco e o flexível conduzem à vida.

Nada é mais flexível e fraco do que a água
Mas para vencer o que é duro e forte,
Nada a ultrapassa.

Aquele que sabe não fala
Aquele que fala não sabe.

Quem se diminui, engrandecerá
Quem se engrandece diminuirá.

Quanto mais se caminha
Menos se conhece.

Quanto mais interdições e proibições existem
Mais o povo empobrece.

Assim o santo disciplina sem ofender
Purifica sem vexar
Retifica sem oprimir
Ilumina sem ofuscar.

Pureza e quietude são normas do mundo.

A nobreza tem por raiz a humildade
O alto tem por fundamento o baixo.

Caixa 20. Algumas possíveis
interpretações/ilações da "voz do Mestre"

Os pensamentos do "Velho Mestre" apresentados nesta seção podem ser alvo de diversas interpretações com potencial construtivo para a nossa vida pessoal e organizacional. Eis algumas possíveis (concilie-as com os enunciados apresentados na parte inicial do livro):

— A procura obsessiva pelo sucesso pode conduzir ao insucesso.

— A busca obsessiva pelo prazer pode conduzir ao desprazer de não o conseguir.

— Sabe quem sabe que não sabe. Não sabe quem não sabe que não sabe.

— A humildade pode gerar grandeza. A busca de grandeza pode humilhar.

— Não ter receio de revelar as fraquezas pode ser uma fonte e um reflexo de força.

— Quando mais quero mandar, menos obedecido sou.

— Quanto mais alto se sobe, mais estrondosa é a queda.

— A quem tudo parece fácil, é provável que muitas coisas acabarão por ser muito difíceis.

— Água mole em pedra dura, tanto bate até que fura.

— Saber mais significa ter consciência de saber pouco.

— Sê humilde para ser forte.

— Nem tudo ao mar, nem tudo à terra.

— Da discussão nasce a luz.

— Não escureça a vida pessoal e familiar com o brilho da vida profissional.

Lição 14

Tao e Gestão

As potencialidades de uma abordagem *taoísta* têm sido exploradas por diversos autores, mesmo que a designação não seja usada. Por exemplo, a análise organizacional levada a cabo por Karl Weick[1] abordou muitos dos temas enunciados na lista anterior. Greiner ilustrou o modo como a solução de hoje pode ser o problema de amanhã.[2] Por exemplo, o excesso de informalismo na fase inicial da vida de uma organização pode "forçar" o aumento do formalismo até este se tornar excessivo e requerer o retorno a algum do informalismo inicial. Morgan referiu explicitamente as possibilidades de uma leitura *taoísta* das organizações.[3] Dessa visão decorre a representação da mudança organizacional como um fluxo permanente, e não uma mera passagem episódica de uma situação a outra melhor.[4]

Por seu turno, Tsoukas e Chia exploraram a natureza processual das organizações e o processo que as leva a tornarem-se algo diferente daquilo que são e, eventualmente, a perecerem.[5] Os autores mostraram como as organizações não param de mudar a sua natureza, sem deixarem de ser aquilo que são. Kets de Vries contrastou o lado claro com o lado

---

[1] Por exemplo, Weick (1979).
[2] Greiner (1972).
[3] Morgan (1986).
[4] Sobre as diferentes representações da mudança, ver Van de ven e Poole (2005).
[5] Tsoukas e Chia (2002).

escuro da liderança.[6] Sugeriu que a liderança pode ser uma força generativa mas também suscitar mecanismos degenerativos. Ford e Ford notaram como, nas organizações, um aumento suficiente na quantidade pode levar a uma mudança na qualidade. Por exemplo, os excessos de autonomia podem levar à reposição de um nível elevado de centralização.[7] E Kaplan e Kaiser escreveram sobre os perigos de uma visão dualista da organização.[8]

A forma como cada autor aborda os paradoxos organizacionais revela a sua perspectiva perante a existência organizacional: (a) alguns autores argumentam a necessidade de contrariar paradoxos; (b) outros revelam a sua inevitabilidade; (c) e um terceiro grupo argumenta que a aceitação dos paradoxos pode ser uma fonte de possibilidades/oportunidades para a gestão de empresas.[9] A ideia de que os paradoxos podem ser uma fonte de compreensão da organização e de melhoria da gestão revela-se, neste sentido, próxima da filosofia *taoísta*. A aceitação do paradoxo como força criativa ajuda, por sua vez, a reenquadrar e a melhor compreender fenômenos que, numa visão teleológica, não passam de anomalias. Por exemplo:

— A improvisação é um complemento do planejamento.[10]

— O inesperado é o reverso provável do esperado.[11]

— A descoberta acidental representa o outro lado da procura deliberada.[12]

— A utilização criativa de recursos equilibra o desenvolvimento de uma lógica de recursos únicos.[13]

---

[6] Kets de Vries (2005).
[7] Ford e Ford (1994)
[8] Kaplan e Kaiser (2003).
[9] Cunha (2006); Hundsnes e Meyer (2006).
[10] Cunha, Cunha e Kamoche (1999).
[11] Cunha, Clegg e Kamoche (2006).
[12] Cunha (2005a).
[13] Cunha (2005b).

Neste livro, interessou-nos o caso particular da relação contraditória e paradoxal entre eficácia e ineficácia. Apesar da dominância da visão teleológica que apresenta as organizações como evoluindo desejavelmente para estados de eficácia progressivamente mais elevados, existe um interessante potencial na análise *taoísta* da relação entre eficácia e ineficácia. Nessa perspectiva, a eficácia e a ineficácia são processos gêmeos, mais do que contrários inconciliáveis. Nas lições seguintes são exploradas duas possibilidades: a eficácia como fonte da ineficácia e a ineficácia como fonte da eficácia.

Lição 15

Polaridade:
Eficácia → Ineficácia

Estar é diferente de ser. A eficácia tende a revelar-se um estado delicado. Entre os méritos da teoria ecológica das organizações, conta-se o de revelar que a mudança organizacional é mais um processo supraorganizacional (ocorrendo ao nível de populações) do que um processo organizacional. Ou seja, as mudanças das organizações ocorrem através de substituição e não de adaptação.[1] Enunciando de outro modo, estar adaptado é diferente de ser ou permanecer adaptado. Como tal, a eficácia, tradutora de um estado de alinhamento entre a oferta de uma organização e a procura do mercado, tende a revelar-se transitória. A efemeridade da eficácia das organizações radica num conjunto de fontes. Ou, por outras palavras, a eficácia contém em si mesma as sementes da ineficácia.

Descontando o caso da maioria das organizações, que não conseguem alcançar os níveis de eficácia requeridos para sobreviver aos primeiros anos de existência,[2] considere-se o caso das organizações que conseguem obter níveis elevados de eficácia. Essas organizações obtêm, pelo menos nos setores mais tradicionais, níveis elevados de reprodutibilidade de processos. Em outras palavras, desenvolvem rotinas altamente aperfeiçoadas, as quais apresentam múltiplas vantagens:

---

[1] Hannan e Freeman (1977).
[2] Veja, para os exemplos opostos de organizações longevas, os trabalhos de Collins e Porras (1994) e de De Geus (1997).

— Níveis elevados de eficiência.

— Maior probabilidade de corresponder às expectativas dos clientes de forma adequada.

— Mestria dos processos e sentimentos de competência associados.

— Aperfeiçoamento de processos já executados de forma competente.

As organizações eficazes tendem, pois, a melhorar aquilo que já fazem bem. Preferem a exploração das aprendizagens anteriores (*exploitation*) à aprendizagem por exploração de novos domínios (*exploration*). Esta distinção[3] é crucial para o entendimento da eficácia, sendo que, a longo prazo, a capacidade de adaptação organizacional requer tanto uma como a outra.

O PARADOXO DE ÍCARO. Todavia, a tentação da exploração das aprendizagens anteriores pode revelar-se um "doce veneno": a organização mantém-se na zona de conforto, explora as zonas de competência avançada e melhora o que já executa de forma competente. Se as vantagens desta ação são sedutoras, os riscos são também assombrosos. Vários autores procederam ao seu estudo. Por exemplo, Danny Miller[4] expôs o modo como as organizações eficazes podem tornar-se vítimas do seu próprio sucesso. A competência impele-as a estreitar as suas zonas de atuação, induzindo o ingresso num processo de simplicidade. De tal modo se deixam seduzir pelas suas próprias conquistas que, por vezes, acabam por tombar vítimas delas. Ao processo, o autor atribuiu a designação de "paradoxo de Ícaro", por analogia à figura mitológica. O paradoxo sugere que o sucesso pode levar ao fracasso.

---

[3] March (1991).
[4] Miller (1990).

Várias explicações foram avançadas por Miller para interpretar este paradoxo. Entre elas, está a ideia de "memórias estruturais". De acordo com esta noção, as organizações criam memórias daquilo que funcionou bem no passado, e têm dificuldade em aceitar que essas "receitas" não são necessariamente adequadas para os desafios do presente e do futuro. A contiguidade entre memórias estruturais e comportamentos automáticos deve também ser considerada: se as memórias estruturais forem suficientemente fortes, as pessoas atuarão de forma automática e mentalmente "desligada".[5] Estruturas complexas tendem a estimular pensamentos simples, isto é, pouco sofisticados.[6] Se Peters e Waterman ilustraram a via para a excelência,[7] Miller revelou os perigos da excelência[8] – que, aliás, "vitimou" algumas das empresas entronizadas na obra *Na Senda da Excelência*.

Os perigos da lógica dominante. As conclusões de Miller são congruentes com outros trabalhos realizados no âmbito da gestão. Prahalad apresentou o conceito de lógica dominante, um paradigma organizacional que impede os gestores de interpretarem a realidade fora do âmbito dessa "caixa".[9] Mesmo que outros atores na organização tenham interpretações distintas (e porventura mais eficazes), o fato de a equipe de gestão de topo desenvolver uma cognição partilhada pode fechar a possibilidade de emergência de soluções heterodoxas e externas ao paradigma.

Dito de outra forma: o foco e a aceitação de uma lógica paradigmática desviam a atenção das zonas da periferia

---

[5] Langer (1989).
[6] Cunha e Rego (2004).
[7] Peters e Waterman (1982).
[8] Miller (1990).
[9] Prahalad (2004).

onde incubam os movimentos ameaçadores do *statu quo*. A atenção ao centro desvia o olhar da periferia.[10] E os atores organizacionais que alertam para os riscos acabam por ser negligenciados, tomados como "fracos jogadores de equipe" e postergados – porque, ao colidirem com o paradigma dominante, criam instabilidade e desconforto. O conceito de "mente organizacional", que impede a organização de prestar atenção a sinais e a fenômenos que escapam ao paradigma mental vigente, também ajuda a compreender os riscos do sucesso de outrora para os desejados sucessos vindouros[11] (veja também o capítulo 1 do livro *A essência da liderança*, intitulado "O paradigma da mudança e a mudança de paradigmas"[12]).

Os riscos de ser bem-sucedido no semáforo vermelho. Assim se compreendem algumas razões pelas quais, por vezes, as organizações bem-sucedidas negligenciam os sinais de potenciais ameaças dos concorrentes, selecionam apenas a informação que corrobora as suas escolhas e negligenciam aquela que as contrariam, permanecem num dado curso de ação mesmo quando diversos sinais aconselham a mudança de rumo. Em certa medida, também assim se podem compreender as razões pelas quais as organizações sofrem grandes descréditos, porque insistem num dado curso de ação até então bem-sucedido – mas ignorando que esse sucesso foi obtido em cima de riscos que agora se concretizam. É possível que tenha sido esse o caso do desastre do vaivém *Challenger* e da incapacidade da NASA para aprender com os erros e evitar o desastre posterior do vaivém *Columbia*.[13]

---

[10] Chia (2005).

[11] Martin (1993); Rego e Cunha (2003).

[12] Rego e Cunha (2003).

[13] Guthrie e Shayo (2005).

Usando uma analogia: essas organizações atuam como o automobilista insensato que, depois de atravessar ileso inúmeras vezes o semáforo vermelho, se convence de que sempre assim sucederá – até ao dia em que é abalroado. É o "sucesso" que o torna cego às possibilidades de catástrofe.

O QUE EXPLICA O INSUCESSO DO SUCESSO? A discussão anterior sugere, pois, várias possibilidades explicativas do movimento de inversão eficácia → ineficácia, podendo aqui salientar-se três:

1. Os gestores de organizações eficazes não conseguem, ou não querem, ler os sinais que prenunciam o fracasso. É por essa razão que os gestores de sucesso podem ser os cultores do fracasso.

2. Os gestores leem os sinais, mas não são capazes de convencer a organização da necessidade da mudança.

3. Os gestores (especialmente os narcisistas) deixam-se "encantar" pelos sucessos passados e desenvolvem uma crença desmedida e irrealista nas suas capacidades, encarando os pequenos descréditos que vão surgindo como episódios esporádicos que a realidade acabará por sanar. Enquanto os "buracos" são relativamente pequenos, ocultam-nos ou desenvolvem argumentos que minimizam a sua importância. Mas, a certo momento, o "buraco" começa a ser demasiadamente grande e já não pode ser ocultado. Em certa medida, aqui pode residir uma das explicações para o desmoronamento de colossos como a WorldCom ou a "queda em desgraça" de Mário Conde no banco Banesto.

Note-se que a primeira destas explicações decorre, em medida considerável, das características cognitivas dos seres humanos, cujas teorias e modelos interpretativos contêm amplas zonas de ignorância e enviesamento voluntário ou involuntário. A ignorância e as explicações simplistas do sucesso facilitam a emergência do fracasso. A análise das envolventes organizacionais é marcada por uma relação dialética entre o desconforto gerado pelo novo conhecimento e o conforto decorrente da ignorância.[14]

Esta relação pode ser uma das explicações para a dificuldade de aprendizagem com o fracasso, que tem sido demonstrada na prática empresarial.[15] No entanto, para evitar crises, a desaprendizagem é necessária.[16] Em suma: a eficácia pode ser a semente da ineficácia. A organização eficaz pode atingir um tal grau de rigidez na aplicação de "melhores práticas" que as fontes de vantagem tornam-se fontes de desvantagem.[17]

---

[14] Clegg (2006).
[15] Baumard e Starbuck (2005).
[16] Starbuck (1996).
[17] Leonard-Barton (1992).

Lição 16

Polaridade:
Ineficácia → Eficácia

A POTENCIALIDADE DO INSUCESSO. O movimento contrário ao anterior tem lugar quando a ineficácia é invertida a favor da eficácia. Este é um movimento tanto mais difícil quanto maior a perda de eficácia, pois as crises tendem a suscitar níveis de estresse que reduzem os recursos cognitivos dos decisores organizacionais. Em todo o caso, as crises de eficácia podem suscitar níveis elevados futuros da mesma.

A um nível mais micro, foi isso mesmo que Drucker[1] referiu quando argumentou que o sucesso inesperado era uma fonte importante de inovação para várias organizações. Em vez de atribuírem as "culpas ao Diabo" ou ao "consumidor irracional", estas empresas procuram descortinar as razões subjacentes ao fracasso – de tal modo que o descrédito acaba por surgir como uma boa oportunidade de inovar e obter sucesso. O questionamento dos quatros mentais vigentes e normalmente inquestionáveis é mais provável em momentos de crise – que revelam as suas fragilidades.[2]

Para que a inversão seja possível, pode ser necessário defrontar os problemas de forma criativa, eventualmente contraintuitiva ("a necessidade aguça o engenho"). Por exemplo, quando uma organização enfrenta uma crise gerada por uma situação de ineficácia, uma das medidas

---

[1] Drucker (1985).
[2] Pfeffer (2005).

mais prováveis para debelar tal crise consiste em reduzir custos, eventualmente despedindo pessoas e pressionando no sentido da melhoria do desempenho. Todavia, estas medidas podem agravar a crise, já que induzem níveis ainda mais elevados de estresse. Ou seja, o foco na ação pode limitar a identificação de soluções criativas – justamente quando elas são mais necessárias.[3] De modo distinto, o investimento em medidas suscitadoras da criatividade pode, mesmo que aparentemente de forma contraintuitiva, estimular a identificação de formas inovadoras de abordagem do mercado e, por conseguinte, de novas possibilidades estratégicas.[4]

A CRISE É UMA OPORTUNIDADE. A compreensão do movimento de inversão no sentido ineficácia → eficácia é melhor compreendido recordando que o termo "crise" remete, etimologicamente, para a ideia de oportunidade. Hurst analisou a relação entre crise e renovação, explicitando a necessidade de as organizações se libertarem das amarras do sucesso.[5] O movimento de destruição criativa e deliberada do sistema representa, desta forma, a introdução de uma crise – tida como condição necessária para a renovação e a revitalização dos sistemas organizacionais. Questionado sobre o segredo do sucesso da Samsung, o CEO da empresa de Suwon, Coreia do Sul, Jong-Yong Yun, referiu a criação de uma cultura de crise permanente, em função da qual os membros da organização veem "uma catástrofe em cada esquina".[6]

---

[3] Ofori-Dankwa e Julian (2004).
[4] Porter (1996).
[5] Hurst (1995).
[6] Lewis (2005, p. 37).

Caixa 21. "Ascensão e queda" antes da "ascensão depois da queda"

Um exemplo de como a eficácia pode estar na gênese da ineficácia, e de como a ineficácia pode induzir as forças da eficácia, foi apresentado por Rita Coelho do Vale, numa tese de mestrado incidente sobre a "ascensão e a queda" da Reditus e, posteriormente, "a ascensão depois da queda".[7] O sucesso da empresa induziu seus gestores a estabelecerem um "romance com o futuro" – o qual haveria de contribuir fortemente para o declínio da empresa. Mas foram as "dores" do insucesso e da crise que contribuíram igualmente para a recuperação da empresa. O leitor pode aprofundar a compreensão do caso numa obra de que somos coautores.[8]

A organização ineficaz pode aproveitar a crise (real ou potencial) para desencadear a renovação. As crises reais tendem a gerar níveis elevados de energia psicológica negativa, decorrentes da existência de um alvo claro da agressividade organizacional. A crise pode despertar uma organização até aí resignada e originar um processo de recuperação.[9] Não é a crise propriamente dita que gera a oportunidade, mas a percepção da oportunidade de mudança trazida pela crise.

As crises também ajudam a credibilizar a apresentação da mudança como urgente e crucial, e facilitam a mobilização coletiva.[10] Pelo contrário, as crises que não são vistas como oportunidades podem gerar desânimo, perda de

---

[7] Vale (2001).
[8] Rego et al. (2003).
[9] Bruch e Ghoshal (2003).
[10] Kotter (1996).

energia psicológica, sentimentos de resignação e desamparo aprendido. Quando essa sintomatologia se encontra largamente dispersa pela organização, há o risco de esta caminhar passivamente para a sua própria "morte".[11]

Uma vantagem da crise potencial reside no fato de a mudança poder ser introduzida sem níveis de estresse paralisantes. A disrupção introduzida com deliberação pode suscitar mudanças organizacionais facilitadas pela estimulação de energia psicológica positiva – caso a organização seja capaz de conquistar o empenhamento dos membros da organização numa visão partilhada e desejada.[12]

A VANTAGEM DE ATINGIR O EXTREMO DA INEFICÁCIA. A razão pela qual as mudanças ocorrem, por vezes, inoportunamente, pode ser explicada pelo curso do *Tao*: apenas quando o extremo da ineficácia é atingido, fica claro para os atores organizacionais que é necessário alterar o rumo dos acontecimentos. Antes disso, embora a possibilidade de sucesso já existisse, o processo poderia ser mais traumático – fato que torna porventura mais tentador aguardar pela oportunidade (o que pode ser problemático se o declínio se tornar irreversível) ou, então, introduzir a disrupção "artificial" que induza os atores a darem as boas vindas à mudança.

As crises organizacionais enfrentadas de forma criativa podem, portanto, originar um "estado de espírito organizacional" vigoroso e resiliente (veja Figura 4) e gerar oportunidades de renovação e de melhoria da organização. É nesse sentido que o termo "crise" se aproxima da sua raiz etimológica. Essa traduz a possibilidade de, paradoxalmente, a ineficácia de uma estratégia representar a semente da mudança estratégica e, eventualmente, da eficácia.

---

[11] Cunha e Cunha (2004).
[12] Bruch e Ghoshal (2003).

Figura 4. Quatro possíveis "estados de espírito" da organização

Lição 17

Lições Do *Tao*

A boa organização não existe?

Em 1968, W. Ross Ashby escreveu que "[n]um sentido absoluto, não existe aquilo a que se possa chamar a 'boa organização'. Trata-se de uma noção sempre relativa; uma organização que é boa num contexto ou de acordo com um critério pode ser má de acordo com outro".[1] A implicação deste argumento é clara: nenhum critério serve como único ou derradeiro para a avaliação da eficácia de uma organização. A "boa organização" é um estado inalcançável.

A razão para essa "descrença" essencial passa pelo reconhecimento de que o bom está na origem do mau – e vice-versa. A rejeição do dualismo eficácia *versus* ineficácia representa uma forma de ultrapassar a simplificação dualista que encara a eficácia como prevalecente sobre a ineficácia. Embora sendo óbvio que a eficácia é o estado desejável, a abordagem dialética revela as sutilezas do processo, designadamente as que seguidamente se expõem.

Lições para a empresa

Lição 1: A eficácia é um estado potencialmente transitório, e não uma condição ou um estatuto organizacional. Está-se eficaz – não se é eficaz.

---

[1] Scott (1992, p. 342).

LIÇÃO 2: O "curso da natureza" transformará eficácia em ineficácia. E, se houver sagacidade e sabedoria dos atores (ou, usando linguagem *taoísta*, se houver *Te*), o mesmo "curso da natureza" poderá transformar a ineficácia e o desaire na eficácia e no sucesso.

LIÇÃO 3: Os líderes eficazes são aqueles que criam sínteses a partir de tensões paradoxais. Que agregam criativamente (a) eficácia e ineficácia, (b) a exploração das aprendizagens anteriores (*exploitation*) e a aprendizagem por exploração de novos domínios (*exploration*), (c) experimentos e rotinizações, (d) falhas e sucessos.

LIÇÃO 4: Para compreender as raízes da eficácia é necessário ter consciência das condições da ineficácia – e vice-versa.

LIÇÃO 5: O excesso de uma coisa boa pode ser mau. Enunciando de modo distinto: o excesso de eficácia pode ser prejudicial.

LIÇÃO 6: Todos os opostos são interdependentes. Nesse sentido, o conflito entre eles não pode resultar na vitória de uma das partes sobre a outra.

Lições pessoais

LIÇÃO 1: Sê cauto e modesto no tempo de sucesso.

LIÇÃO 2: Que a abundância não te tolde o discernimento.

LIÇÃO 3: Sê perseverante e corajoso nos tempos difíceis.

LIÇÃO 4: Procura a oportunidade na crise.

LIÇÃO 5: Se queres ser sábio, evita o excesso, a extravagância e a indulgência.

LIÇÃO 6: Sê humilde e perseverante.

LIÇÃO 7: Não te autoengrandeças, para não te diminuíres.

LIÇÃO 8: Purifica os teus colaboradores sem vexar. Retifica-os sem oprimir. Ilumina-os sem os ofuscar.

LIÇÃO 9: No alto, prepara-te para o baixo. No baixo, procura o alto.

Lição 18

Conclusão

Neste texto, abordamos as questões da eficácia e das "boas organizações" a partir de uma perspectiva paradoxal e dialéctica ancorada em alguns elementos do sistema de pensamento *taoísta*. Procuramos contribuir para a exploração do paradoxo e do pluralismo de perspectivas como elementos centrais da linguagem organizacional contemporânea.[1] Na perspectiva dialética aportada pelo *taoísmo*, o excesso quer de *Yin* quer de *Yang* é nocivo. Transportando este princípio para o domínio da eficácia, pode afirmar-se que tanto o excesso de eficácia como o de ineficácia podem ser prejudiciais ao desenvolvimento e à sobrevivência da organização.

Do que fica dito, pode concluir-se que o trabalho da gestão consiste em integrar e compreender tensões e paradoxos, mais do que em simplificar realidades complexas. Ideias como as de "conflito construtivo" (abundantemente dispersa na literatura), "só os paranoicos sobrevivem",[2] "a ambivalência é a atitude de sabedoria",[3] "erros como oportunidades de aprendizagem" (um dos princípios da 3M), e outras semelhantes, revelam a importância de uma abordagem da realidade capaz de reconhecer os estados contraditórios e paradoxais que a caracterizam. Se se aceitar que a ambivalência é a atitude sabedora, então:

---

[1] Eisenhardt (2000).
[2] Andrew Grove, da Intel.
[3] Weick (2001).

— Talvez a eficácia nem sempre seja tão positiva como tendemos a considerá-la.

— Talvez a ineficácia não tenha de ser tão negativa quanto tendemos a supor.

Lição 18,5

Última (Meia) Conclusão

Se, após ter lido o livro, o leitor se sentir desiludido por não ter descoberto o que é a eficácia – a nossa sugestão é: "fique satisfeito por ter compreendido o que é realmente a eficácia". Se sentir que descobriu o que é a eficácia, o nosso conselho é: "tome cautelas – admita que pode estar enganado".

Referências Bibliográficas

BAUM, J. A. C. "The value of a failing grade". *FT Mastering Risk*, 9 de Setembro, p. 8, 2005.

BANNER, D. K. & GAGNÉ, T. E. *Designing effective organizations: Traditional and transformational views.* Thousand Oaks: Sage, 1995.

BAUMARD, P. & STARBUCK, W. H. "Learning from failures: Why it may not happen". *Long Range Planning*, 38, 281-298, 2005.

BEER, L. A. "The gas pedal and the brake... Toward a global balance of diverging cultural determinants in managerial mindsets". *Thunderbird International Business Review*, 45(3), 255-273, 2003.

BENNIS, W. G. "The concept of organizational health". *In* W. G. BENNIS (ed.), *Changing organizations.* New York: McGrawHill, 1966.

BLUEDORN, A. C. "Cutting the gordian knot: A critique of the effectiveness tradition in organizational research". *Sociology and Social Research*, 64, 477-496, 1980.

BRUCH, H. & GHOSHAL, S. "Unleashing organizational energy". *MIT Sloan Management Review*, Fall, 45-51, 2003.

BRYNJOLFSSON, E. "The productivity paradox of information technology". *Communications of the ACM*, 36(12), 66-77, 1993.

CAMERON, K. S. "The effectiveness of ineffectiveness". *Research in Organizational Behavior*, 6, 235-285, 1984a.

CAMERON, K. S. *Cultural congruency, strength and type: Relationships to effectiveness.* Boulder, CO: National Center for Higher Education Management Systems, 1984b.

CAMERON, K. S. "Effectiveness as paradox: Consensus and conflict in conceptions of organizational effectiveness". *Management Science, 32,* 539-553, 1986.

CAMPBELL, J. P. "On the nature of organizational effectiveness". *In* P. S. GOODMAN, J. M. PENNINGS and Associates. (Eds.), *New perspectives on organizational effectiveness* (p. 13-55). San Francisco: Jossey Bass, 1977.

CAPRA, F. *The tao of physics.* New York: Wildwood Press, 1975.

CHIA, R. "A 'rhizomic' model of organizational change and transformation: Perspective from a metaphysics of change". *British Journal of Management, 10,* 209-227, 1999.

CHIA, R. *Peripheral vision and the entrepreneurial imagination.* Trabalho apresentado na SMU EDGE conference, Singapore Management University, Singapura, julho, 2005.

CLEGG, S. R. "Why is organization theory so ignorant?". *Journal of Management Inquiry,* no prelo, 2007.

CLEGG, S. R., CUNHA, J. V. & CUNHA, M. P. "Management paradoxes: A relational view". *Human Relations, 55*(5), 483-503, 2002.

COLLINS, J. C. & PORRAS, J. I. *Built to last: Successful habits of visionary companies.* New York: Harper Business, 1994.

CONNOLLY, T., COLON, E. M. & DEUTCH, S. J. "Organizational effectiveness: A multiple constituency approach". *Academy of Management Review, 5,* 211-218, 1980.

CUNHA, M. P. *Serendipity: Why some organizations are luckier than others.* Working paper, Faculdade de Economia, Universidade Nova de Lisboa, 2005a.

CUNHA, M. P. *Bricolage in organizations.* Working paper, Faculdade de Economia, Universidade Nova de Lisboa, 2005b.

CUNHA, M. P. "Paradox". *In* S. R. CLEGG & J. BAILEY (Eds.), *International encyclopedia of organization studies.* Thousand Oaks, CA: Sage, 2007.

Cunha, M. P., Clegg, S. R. & Kamoche, K. "Surprises in management and organization: Concept, sources and a typology". *British Journal of Management, 17*, 317-329, 2006.

Cunha, M. P., Cunha, J. V. & Kamoche, K. "Organizational improvisation: What, when, how and why". *International Journal of Management Reviews, 1(3)*, 299-341, 1999.

Cunha, M. P. & Rego, A. "Estruturas mínimas e mudança organizacional". *Tékhne, 1*(2), 9-26, 2004.

Cunha, R. C. & Cunha, M. P. *A bias for inaction: The impact of strategic procrastination on employees and organizational survival.* CIMOC Inaugural Symposium. City University of Hong Kong, June 2-4, 2004.

De Geus, A. *The living company.* London: Nicholas Brealey, 1997.

Drucker, P. *Innovation and entrepreneurship: Practice and principles.* Harper & Row, 1985.

Eisenhardt, K. M. "Paradox, spirals, ambivalence: The new language of change and pluralism". *Academy of Management Review, 25*, 703-705.

Eliot, T. S. (1983). *Quatro quartetos.* Lisboa: Ática, 2000.

Etzioni, A. (1964). *Modern organizations.* Englewood Cliffs, NJ: Prentice-Hall.

Ford, J. D. & Ford, L. W. "Logics of identity, contradiction and attraction in change". *Academy of Management Review, 19*, 756-785, 1994.

Garvin, D. A. "How the Baldrige award really Works". *Harvard Business Review, 69*, 80-95, 1991.

Glunk, U. & Wilderom, C. P. M. *Organizational effectiveness = Corporate performance? Why and how two research traditions need to be merged.* Tilburg University, Faculty of Economics and Business Administration, 2004.

Goodman, P. S., Pennings, J. M. & Associates *New perspectives on organizational effectiveness.* San Francisco: Jossey-Bass, 1977.

GREINER, L. E. "Evolution and revolution as organizations grow". *Harvard Business Review, 50*(3), 83-92, 1972.

GUILLÉN, M. F. *Models of management. Work, authority and organization in comparative perspective.* Chicago: University of Chicago Press, 1994.

GUTHRIE, R. & SHAYO, C. "The Columbia disaster: Culture, communication & change". *Journal of Cases on Information Technology,* 7(3), 57-71, 2005.

HANNAN, M. T. & FREEMAN, J. "The population ecology of organizations". *American Journal of Sociology, 82,* 924-964, 1977.

HENRI, J. "Performance measurement and organizational effectiveness: Bridging the gap". *Managerial Finance, 30(6),* 93-123, 2004.

HERMAN, R. D. & RENZ, D. O. "Nonprofit organizational effectiveness: Contrasts between especially effective and less effective organizations". *Nonprofit Management & Leadership, 9(1),* 23-38, 1998.

HERMAN, R. D. & RENZ, D. O. "Theses on nonprofit organizational effectiveness". *Nonprofit and Voluntary Setor Quarterly, 28(2),* 107-126, 1999.

HOLLIDAY, C. "Sustainable growth, the DuPont way". *Harvard Business Review,* 79(8), 129-133, 2001.

HUNDSNES, T. & MEYER, C. B. "Living with paradoxes of corporate strategy: A complexity perspective". *Journal of Organizational Change Management,* 19(4), 437-446, 2006.

HURST, D. K. *Crisis and renewal. Meeting the challenge of organizational change.* Boston, MA: Harvard Business School Press, 1995.

KAPLAN, R. E. & Kaiser, R. B. "Developing versatile leadership". *MIT Sloan Management Review,* Summer, 19-26, 2003.

KENNERLEY, M. & NEELY, A. "Measuring performance in a changing business environment". *International Journal of Operations & Production Management,* 23(2), 213-229, 2003.

KENNY, A. *A brief history of western philosophy.* Oxford: Blackwell, 1998.

KETS DE VRIES, M. F. R. "Leadership: The bright and the dark side of responsibility". *EFMD Forum*, Summer, 23-26, 2005.

KIRBY, J. "Toward a theory of high performance". *Harvard Business Review*, July-August, 30-39, 2005.

KOTTER, J. P. *Leading change.* Boston, MA: Harvard Business School Press, 1996.

KRAEMER, K. & DEDRICK, J.. *The productivity paradox: It is resolved? Is there a new one? What does it all mean for managers?* Center for Research on Information Technology and Organizations, University of California, Irvine, 2001 [http://www. crito. uci. edu/itr/publications/pdf/it_prod_paradox. pdf; acesso em 30 de Novembro de 2006].

KRISTOF, N. D. "Os EUA e a ameaça chinesa". *Courrier Internacional*, 23 de Setembro, 24-25, 2005.

LANGER, E. *Mindfulness.* Cambridge, MA: Da Capo, 1989.

LAO-TSE (2000). *Tao te king.* Lisboa: Estampa.

LAWRENCE, P. R. & LORSCH, J. *Organization and environment.* Cambridge, MA: Harvard University Press, 1967.

LEONARD-BARTON, D. "Core capabilities and core rigidities: A paradox in managing new product development". *Strategic Management Journal, 13*, 111-125, 1992.

LEWIS, P. "The perpetual crisis machine". *Fortune*, 5 de Setembro, 36-43, 2005.

MARCH, J. G. "Exploration and exploitation in organizational life". *Organization Science, 2*, 71-87, 1991.

MARTIN, R. "Changing the mind of corporation". *Harvard Business Review*, November-December, 81-94, 1993.

McCANN, J. "Organizational effectiveness: Changing concepts for changing environments". *HR. Human Resource Planning*, 27(1), 42-50, 2004.

MEYER, J. W. & ROWAN, B. "Institutionalized organizations: Formal structure as myth and ceremony". *American Journal of Sociology, 83*, 340-363, 1977.

MEYER, M. W. "Can performance studies create actionable knowledge if we can't measure the performance of the firm?". *Journal of Management Inquiry*, 14(3), 287-291, 2005.

MEYER, M. W. & GUPTA, V. "The performance paradox". *In* B. M. STAW & L. L. CUMMINGS (Eds.), *Research in Organizational Behavior* (vol. 16; p. 309-369). Greenwich, CT: JAI Press, 1994.

MILES, R. H. *Macro organizational behavior.* Glenview, IL: Scott, Foresman, 1980.

MILLER, D. *The Icarus paradox: How exceptional companies bring about their own fall.* New York: Harper Collins, 1990.

MORIN, P. *Le management et le pouvoir.* Paris: Les Editions d' Organisation, 1991.

MORGAN, G. *Images of organization.* Thousand Oaks: Sage, 1986.

MOUZAS, S. "Efficiency versus effectiveness in business networks". *Journal of Business Research*, 59, 1124-1132, 2006.

NEELY, A. "The performance measurement revolution: Why now and what next?". *International Journal of Operations & Production Management*, 19(2), 205-228, 1999.

OFORI-DANKWA, J. & JULIAN, S. D. "Conceptualizing social science paradoxes using the diversity and similarity curves model: Illustrations from the work/play and theory novelty/continuity paradoxes". *Human Relations, 57,* 1449-1477, 2004.

OLDSTONE-MOORE, J. "Taoism". *In* M. D. COOGAN (Ed.), *Eastern religions: Hinduism, Buddhism, Taoism, Confucianism, Shinto* (pp. 212-313). New York: Oxford University Press, 2005.

OSTROWER, F. *Community foundation approaches to effectiveness: Characteristics, challenges and opportunities.* The Urban Institute, 2006. [http://www. nonprofitresearch. org/usr_doc/ Ostrower_paper. pdf; acesso em 2 de Dezembro de 2006].

PALICH, L. E., CARINI, G. R. & LIVINGSTONE, L. P. "Comparing American and Chinese negotiations styles: The influence of logic paradigms". *Thunderbird International Business Review, 44*(6), 777-798, 2002.

PARHIZGARI, A. M., & GILBERT, G. R. "Measures of organizational effectiveness: Private and public setor performance". *Omega: The International Journal of Management Science*, 32(3), 221-229, 2004.

PETERS, T. & WATERMAN, R. *In search of excellence: Lessons from America's best-run corporations*, 1982. New York: Harper & Row [edição portuguesa: *Na senda da excelência*, Lisboa: Dom Quixote, 1987].

PFEFFER, J. "Changing mental models: HR's most important task". *Human Resource Management, 44*(2), 123-128, 2005.

PORTER, M. E. "What is strategy?". *Harvard Business Review, 74*(6), 61-78, 1996.

PRAHALAD, C. K. "The blinders of dominant logic". *Long Range Planning, 37*, 171-179, 2004.

QUINN, R. E. & CAMERON, K. "Organizational life cycles and shifting criteria of effectiveness: Some preliminary evidence". *Management Science*, 29, 1, 33-51, 1983.

QUINN, R. E. & ROHRBAUGH, J. "A spatial model of effectiveness criteria: Towards a competing values approach to organizational analysis". *Management Science, 29*, 363-377, 1983.

RAMPERSAD, H. K. "Total performance scorecard: The way to personal integrity and organizational effectiveness". *Measuring Business Excellence*, 9(3), 21-34, 2005.

REGO, A. & CUNHA, M. P. *A essência da liderança*. Lisboa: RH Editora, 2003.

REGO, A. & CUNHA, M. P. *Downsizing* e despedimentos: uma perspectiva crítica. *Revista Portuguesa e Brasileira de Gestão*, 4(3), 30-40, 2005.

REGO. A. & CUNHA, M. P. *Manual de Gestão Transcultural de Recursos Humanos*. Lisboa: RH Editora, 2007.

REGO, A. & CUNHA, R. C., CARDOSO, C. C. & CUNHA, M. P. *Comportamento organizacional e gestão: Casos portugueses e exercícios*. Lisboa: RH Editora, 2003.

Rego, A., Cunha, M. P., Guimarães, N., Gonçalves, H. & Cardoso, C. C. *Gestão ética e socialmente responsável.* Lisboa: RH Editora, 2006.

Santos, N. "A empresa que não diz não". *Expresso Economia*, 23 de Setembro, 14, 2006.

Scott, W. R. *Organizations: Rational, natural, and open systems* (3rd ed.). Englewood Cliffs, NJ: Prentice-Hall, 1992.

Seashore, S. E. & Yuchtman, E. "Fatorial analysis of organizational performance". *Administrative Science Quarterly*, 11, 377-395, 1967.

Solow, R. M. "We'd better watch out". *The New York Times Book Review*, July 12, 36, 1987.

Starbuck, W. H. "Unlearning ineffective or obsolete technologies". *International Journal of Technology Management*, 11, 725-737, 1996.

The Economist. *Solving the paradox*, 2000. September 21 (http://www. economist. com/displayStory. cfm?Story_ID=375522; acesso em 30 de novembro de 2006).

Thompson, J. D. *Organizations in action.* New York: McGraw-Hill, 1967.

Tsoukas, H. & Chia, R. "On organizational becoming: Rethinking organizational change". *Organization Science*, 13, 567-582, 2002.

Vale, R. *Estudo de casos – Grupo Empresarial Reditus: Reditus (A)-The sudden fall, Reditus (B)-Managing the turnaround.* Dissertação de Mestrado em Gestão de Empresas, Faculdade de Economia, Universidade Nova de Lisboa, 2001.

Van de Ven, A. H. & Poole, M. S. "Explaining development and change in organizations". *Academy of Management Review*, 20, 510-540, 1995.

Van de Ven, A. H. & Poole, M. S. "Alternative approaches for studying organizational change". *Organization Studies*, 26, 1377-1404, 2005.

VAN THIEL, S. & LEEUW, F. L. "The performance paradox in the public setor". *Public Performance & Management Review*, 25(3), 267-281, 2002.

VENKATRAMAN, N. & RAMANUJAM, V. (1986). "Measuring of business performance in strategy research: A comparison approaches". *Academy of Management Review, 11(4)*, 801-814.

WALTON, E. J., & DAWSON, S. "Managers' perceptions of criteria of organizational effectiveness". *Journal of Management Studies, 38(2)*, 173-199, 2001.

WEICK, K. E. *The social psychology of organizing* (2nd ed.). New York: McGraw-Hill, 1979.

WEICK, K. E. *Making sense of the organization*. London: Blackwell, 2001.

WING, R. L. *O Tao do poder*. Mem Martins: Lyon Edições, 1986.

YUCHTMAN, E. & SEASHORE, S. E. "A system resource approach to organizational effectiveness". *American Sociological Review, 32*, 891-903, 1967.